女子校力

杉浦由美子
Sugiura Yumiko

PHP新書

はじめに

女子校離れと言われて久しい、ということをご存じだろうか。

クラスの半分が中学受験をするという公立小学校の六年生の担当教諭が言う。

「女子は小学校の高学年になると異性を意識しはじめます。小学生どうしの男女交際もあります。そういった環境にいる女児たちは親に女子校を進められても、『女子校は楽しくなさそうだから行きたくない』と言いますね」

この女子の「共学志向」はデータにも表れている。

中学受験産業の大手「日能研」では、毎年七月に志望校調査をする。ここでは二〇一一年と一二年のデータを紹介しよう。

志望理由の一位は、男女ともに二年連続で「交通の便がいいから」。二位、三位あたりには「過去から継承している教育理念・校風」「現在の校風」「未来への期待・学校の熱意」など校風に関する項目が並ぶ。

男子の場合は次に「大学合格実績が良い」があがるが、女子の場合は「共学校だから」(一一年は四位、一二年は五位)という答えが出てくる。ちなみに男子の場合は、共学校だからという答えは一一年、一二年ともに一二位となる。

つまり、男子にくらべて女子は「共学に行きたい」という希望が強いことがわかる。この女子の共学志向は偏差値を見ても顕著で、「2013年 中学入試 予想R4一覧」(日能研)を見ると、早稲田実業学校は男子の偏差値が63で女子は65、渋谷教育学園渋谷(二月一日受験)は男子が58で女子は63。慶應義塾中等部は男子が64で女子が69。人気共学校への入学は男子より女子のほうが激戦になる。

ちなみに渋谷教育学園渋谷は、かつては渋谷女子高等学校という女子校で、当時は都立商業高校の滑り止め的な位置にあったのが、共学化したあとに改革が成功し、現在では首都圏の女子たちがあこがれる学校である。

中学受験にくわしい記者は、「桜蔭や女子学院といった超名門女子校も危機感をもっているはず」と言う。

なぜ、そんなに共学に行きたいのだろうか。

中学受験をめざす小学生女子たちや保護者に聞くと、こう返ってくる。

「女子校はいじめが多そう」「女どうしのドロドロとした人間関係がつらそう」。そして、冒頭で紹介した「楽しくなさそう」。

だが、「女子校が不人気だ」という話をすると、女子校出身者や現役の女子校の生徒たちは「どうして？　楽しいのに」と驚いた表情をする。

取材で会った豊島岡女子学園の卒業生（二十代、会社員）もやはり「あんなに楽しいのに」と言うのだが、この彼女はその直前まで「豊島岡は規則が厳しいし、先生たちは勉強しろとばかり言う。先生が『東大合格実績で雙葉を抜いた』ってわざわざ言うんですよ。学校も先生も私は大嫌いでした」と話していた。なので、私が「いまさっきは学校が大嫌いだったと言っていたでしょう。なのにどうして、楽しいのに、と言うの？」と尋ねると、こう返ってきた。

「学校も先生も嫌いだったけれど、女子校生活は楽しかったんですよ。豊島岡はあらゆる種類の女の子がいて共存できる学校と言われています。スクールカーストもいじめもない。オタクの子が描いたホモ漫画がクラスじゅうにまわってきて、それをギャルの子が読んで『微妙に絵がうまくなってるじゃん』なんて言ったりして。違う種類の女の子どうしが認め合って、お互いに干渉しない。まるで楽園のようでした」

浦和明の星女子の卒業生も言う。

「人生でいちばん幸せだったのは浦和明の星時代でした。田舎の学校だから寄り道して遊ぶところはないけれど、学校のなかに楽しいことがいっぱいあって」

だが、この彼女はこうも続けた。

「でも、生まれ変わっても女子校に入りたいかというと違います。思春期にラクしたぶん、社会人になってからツケがきたような気がします。そのぶん、いま苦労をしているように思います。共学の子が思春期に学んできた世間の常識、たとえば本音と建前を使い分けることや、他人が自分をどう見ているかとか、そういう空気を読むようなことができない」

彼女が手にしているスマートフォンに触ると、画面にハンサムな夫とかわいらしい息子の姿が映し出された。夫は大学の同級生で、現在は上場企業のサラリーマン。彼女の父親も上場企業の役員だったという。

社会的地位が高い父親に大切に育てられ、名門ミッションスクールを出て、経済的に安定した男性と結婚し子どももいる。〝幸せ〟のアイコンを全部もち、なんの不自由もなく生きているように見える彼女だが、自分を「世間知らず」と称してため息をつく。

この「世間知らず」という悩みを、今回、取材で出会った女子校出身者の多くが抱えていた。

なかには「六年間も女子校で世間知らずになってしまったので、娘には中学受験をさせません。公立の中学で強く育てたい」と語る女性もいた。

かつては「世間知らず」こそが女子校出身者の「美徳」でもあった。温室育ちで世間知らずの純粋な女性はかわいらしい。男性はそういった女性を妻にして家庭にいてもらうことを支えに、彼女や妻や子どもを守るために懸命に働いた。

だが、結婚・出産後も女性が働きに出るのが当たり前の時代になっていく。

「夫が『働きに出たら』と言いますね。夫も将来が不安なんだと思います。いまは夫の収入で不自由なく暮らせます。でも、夫の勤務先だってどうなるかわからないでしょう。私も働かないでいると社会からスポイルされて、いざというときに役に立たないような気がします」

いまどきの夫は、妻は家にいてほしいなどとは思わない。それよりは、外で稼いで家計を支えてくれることを求める。

社会で働きつづけなければならないとすると、「世間知らず」であることはハンデとなってこよう。

女子校が「良妻賢母」教育をしていたのは過去の話で、現在は男子校同様に「社会人を育てる教育」を志すようになって久しい。だが、女子校出身者の「世間知らず」っぷりは変わらぬままだ。

受験ガイドを見れば、「女子校では文化祭の力仕事もすべて女子でやるので、自立した強い子に育つ」とあるが、これも一概にはいえない。

たとえば、高校まで千代田区の名門女子校で過ごして慶應義塾大学に進んだある女性は、ペットボトルの蓋が開けられない。女子校空間はシャープペンシルより重いものをもたなくてもすむようにできているのかもしれない。

彼女は、ほんとうにシャープペンシルより重たいものをもてないのか、ボールペンで宅配便伝票を書いても筆圧が弱いので、下に複写されないのだという。この女性が特殊なのかというと、そうではないようで、女子校出身者たちにこの話をすると「いますよ、そういう子。ペットボトルを飲むときは『開けられないから開けて』と言ってきます」と答える。

また、旧制高等女学校の流れを汲《く》む伝統的な女子校の教師は、こう頭を抱える。

「うちは手厚さが売りなので過保護にならざるをえない。いじめ対策も万全ですが、結果的にうちの生徒たちは『困ったことがあれば先生が助けてくれる』という意識になってしまっている」

このような事実を知ると、女子校は「社会で活躍する人材」を育成するためには不利にも感じられる。

だが一方で、アメリカでは男女別学が見なおされ、数も増えている。日本でも将来的にはその流れになると考えている女子校や学習塾関係者もじつに多い。

現在、進学校として人気・偏差値ともに台頭している洗足学園の説明会に行った保護者が言う。

「保護者から『共学化はどうなっているのか』『なぜ共学化しないのか』という質問が寄せられました。校長先生は否定されていて、『女子と男子では伸び方が違う。女子に合わせた教育が必要だと考えています』と男女別学の有効性を語っておられました」

この洗足学園もそうであるが、実際、女子校離れと言われながら、進学率が高まって偏差値が上昇している女子校も少なくない。

本書では、女子校出身者、学校関係者、受験産業関係者、公立小学校教諭、現役女子校の生徒、企業の採用担当者、人材コンサルタント、教育ジャーナリストなどへのインタビューを通して、「なぜ、いま女子校なのか」を探ることで、女子教育の現在、そして、女性のキャリアの積み方を探る。

今回、取材で七八名の女子校出身者および在校生から話を聞いた。通常、私は一対一のインタビューを得意とするが、座談会方式の取材も採り入れてみた。

取材協力者を探す際、いっさいネットは使っていない。すべて私の仕事上での知人やプライベートの友人の紹介である。偏らないように幅広いルートから探していった。二十代を中心に上が四十四歳、下は十三歳である。おもに次にあげる女子校の卒業生から話を聞いた。

跡見学園、浦和明の星女子、浦和第一女子、桜蔭、鷗友学園女子、大妻（千代田）、大妻嵐山、お茶の水女子大学附属、小林《おばやし》聖心女子学院、鎌倉女学院、川越女子、吉祥女子、金城学院、熊谷女子、慶應義塾女子、光塩女子学院、晃華学園、神戸女学院、香蘭女学校、静岡英和女学院、静岡雙葉、十文字、女子学院、女子聖学院、白百合学園、聖心女子学院（三光町）、聖ドミニコ学園、聖ヨゼフ学園、洗足学園、千葉女子、田園調布雙葉、東京純心女子、同志社女子、東洋英和女学院、豊島岡女子学園、日本女子大学附属、ノートルダム女学院、フェリス女学院、雙葉、水戸二高、三輪田学園、目黒星美学園、八雲学園、横浜共立学園、横浜雙葉、立教女学院。

五人に集まってもらった席で、最初、「女子校出身だからこうって、カテゴライズされたくないわ」と言っていたフェリスの女性も、取材終盤には、「相手が女子校出身と知ると安心する。この人の言葉には裏がないと思えるから」と切なそうな表情を浮かべた。

女子校出身者たちは、「大学は共学だったけれど、仲よくなったのは、ほかの女子校出身の子ばかり」としばしば口にする。ある種のマイノリティ感覚でつながっていくのかもしれない。

そのマイノリティ感覚に生きづらさを感じながらも、女子校出身者は独特のプライドをもっているのも事実だ。その誇りは、かつてのような「お嬢様ステイタス」ではない。何かしらの「生きていくための力」を女子校で得たということのようだ。誇りとコンプレックス、相反する二つを抱えながら彼女たちは生きている。

「女子校」というテーマで取材していると話すと、共学出身者たちからも強い反応があった。女子しかいない学校は全体の六・六パーセント（おおたとしまさ『女子校という選択』日経プレミアシリーズ、より）であり、女子校出身者はマイノリティといえよう。しかし、多くの人たちが「女子校」という言葉に反応するのは、女子校出身者たちに強い存在感があるからだろう。

その存在感の理由を解明することで、なぜ、女子を女子だけで教育する必要があるのかを考え、女子校出身者のもつ得体の知れない「力」を探ってみたい。

女子校の分類について

本書では女子校を「偏差値」「カリキュラム」を基準に分類する。

現在、日能研の偏差値で40前後の学校から65以上の学校まで、ほとんどの女子校は「進学率を上げること」を目標としている。

かつてのように「上の女子大に行くから勉強はほどほどに」というお嬢様学校は、基本的になくなりつつある（その理由はのちにくわしく書く）。

ある出版物の女子校分類表で「良妻賢母」型と紹介された伝統校の教員が、「良妻賢母を育てる学校ではない。自立した社会人を育てる教育をしている」と憤《いきどお》っていたという。

そのため本書では以下のように女子校を分類した。取材のなかで塾関係者や学校関係者たちが使う言葉をヒントに分類してみた。

▽難関校

桜蔭、雙葉、女子学院、フェリス女学院の四校。偏差値は最高峰にある名門校であり、公立小学校時代は「神童」と呼ばれていた生徒が集まる。ゆえに生徒たちは自力で大学受験をクリアできると考え、大学受験対策には熱心ではなく、もっと高度な授業をしていく。

たとえば、古文なら『源氏物語』を読解するのではなく研究する。また、英語でディベートをさせることもある。テストの順位を公表することはまずしない。大学受験に関しては放任主義がゆえに落ちこぼれる生徒も出てくるが、補講などのフォローは基本的に少ない。また、学校では大学受験対策をしないので、塾に通わないとならないため、塾の費用がかかるなどのデメリットも発生する。

難関校の卒業生のコメント。

「同級生二五〇人のうち九〇人ぐらい東大に行きました。学年で一位と二位の子はともに東大法学部三年生で司法試験に合格し、裁判官と弁護士になりました」（三十代、桜蔭）

「大学は無理しないで行ける範囲にして、一般入試で慶應に入りました。雙葉の同級生は大学を出ても就職しない子も多かったですよ。私も最初、就職しなかったんですが、親にブラブラしているとみっともないからと言われて、叔父の紹介でいまの会社に入りました」（三

十代、雙葉）

「フェリスは大学受験対策を嫌いました。私立文系をめざしている生徒も、高校二年生ぐらいまでは物理や化学の授業があったと記憶します。化学の実験ばかりやっていた気がします」（二十代、フェリス女学院）

▽進学校

難関校の滑り止めに位置するとされる学校。偏差値60前後から50。豊島岡女子学園、鷗友学園女子、吉祥女子、洗足学園が現在、偏差値が上昇し難関校を抜く勢いと言われる。それ以外にも晃華学園、光塩女子学院、大妻（千代田）、白百合学園、横浜雙葉、横浜共立学園などがある。

宿題や小テストが多く、しっかりと勉強をさせ、塾に行かせないでも大学受験対策ができるカリキュラムになっている。成績が落ちると指名制で補講が行われる学校も多い。難関校ではテストの成績を発表しないが、進学校では全員のテストの答案を貼り出すケースもあった。

理系を選択する生徒の割合が増えている学校が多く、豊島岡は過半数、吉祥女子と鷗友は四〇パーセント以上の生徒が理系である。
「それなりに難しい試験を受けて入ってきた子たちが落ちこぼれるのには原因があるはず。たいていは勉強の仕方がわからなくなっているケース。そのため、卒業生が補講の講師となって、成績がふるわない生徒に『学習方法』のコーチングをしていると洗足の学校説明会で聞きました」（四十代、中学受験生女子の父親）
「お嬢様校だと思って入ると大間違い。とくに外部生（中学受験で入ってくる）は桜蔭落ちも多くて、『私たちはお嬢様じゃないから勉強するしかない』という意気込みだった」（二十代、白百合学園）
「横浜の御三家（フェリス、横浜雙葉、横浜共立）を落ちてきた子ばかりなので負けん気が強い」（二十代、鎌倉女学院）
「中学から高校に上がるときの校長面接で、ある生徒が『私は温かい家庭を築くのが夢です』と言ったら、校長に『ちゃんと将来のキャリアを考えなさい』と怒られて泣いていた」（三十歳前後、晃華学園）
「英語の時間に先生に『Study or die』と言われました」（二十代、某進学校）

▽中堅校

進学校よりも偏差値的に下にある学校。偏差値40前後から50未満の学校を本書では「中堅校」と呼ぶ。三輪田学園、山脇学園、跡見学園、女子聖学院、聖ヨゼフ学園、目黒星美学園などがある。

これらの中堅校も、どこもカリキュラムは進学校化していて、塾に行かなくても大学受験対策はできる。少人数制で手厚い学校も多い。いじめがあれば、すぐに学校が対応するといったように、サービスが行き届いている。

「保護者からのクレームにきちんと対応する学校です。裕福な自営業者の娘が多くて、大物芸能人の娘もちらほらいましたよ」（二十代、目黒星美学園）

「在学中に、先生が『うちは不登校がゼロ。今日なんて欠席者もゼロ』と誇らしげに言っていました」（二十代、女子聖学院）

「修学旅行に執事がついてきた子がいました」（二十代、女子聖学院）

2013年 首都圏女子校偏差値（予想）

＊	青山学院	62	
	跡見学園	44	2月1日
	桜蔭	69	
	鷗友学園女子	59	2月1日
	大妻	56	2月1日
	学習院女子	58	2月1日
	鎌倉女学院	56	2月2日
	カリタス女子	48	2月1日
	吉祥女子	59	2月1日
	共立女子	53	2月1日
＊	慶應義塾中等部	69	
	恵泉女学園	47	2月1日
	光塩女子学院	55	2月2日
	晃華学園	56	2月1日
	実践女子学園	42	2月1日
	品川女子学院	51	2月1日
＊	渋谷教育学園渋谷	63	2月1日
	十文字	39	2月1日
	頌栄女子学院	58	2月1日
	湘南白百合学園	56	
	女子学院	67	
	女子聖学院	39	2月1日
	白百合学園	64	
＊	成蹊	53	2月1日
＊	成城学園	50	2月1日
	聖心女子学院	46	
	清泉女学院	50	2月1日
	聖ドミニコ学園	38	2月2日
	聖ヨゼフ学園	36	2月1日
	洗足学園	59	2月1日
＊	玉川学園	37	2月1日
	東京女学館	50	2月1日
	東洋英和女学院	54	2月1日
	トキワ松学園	38	2月1日
	豊島岡女子学園	66	2月2日
＊	広尾学園	54	2月1日
	フェリス女学院	63	
	雙葉	64	
	三輪田学園	48	2月1日
	山脇学園	44	2月1日
	横浜雙葉	58	
	立教女学院	58	

※学校名の＊は共学校
受験日が複数ある学校は原則としてもっとも早い日の偏差値
午前・午後がある場合はすべて午前

『2013年 中学入試 予想R4一覧』（2012年12月13日、日能研発行）より作成

女子校力

目次

第3章

男の気持ちがわからない

第4章 空気を読まない力

第5章 女子校はどこへ行くのか

第1章

共学校と女子校は別世界

品川女子学院中等部

女子中学から共学高校へ進学

茶色い髪に紺のスーツ。ふつうならば少し軽薄な印象になる組み合わせなのに、彼女は初対面で清潔感を与える人だった。すっと伸びた背筋、まっすぐなまなざし。現在、都市銀行で総合職として働いていて、来年の春には転勤になるかもしれないという。

「中高一貫の女子校に通っていたのに、高校をわざわざ受けなおしたというと、『女子校でいじめられたの？』『女子校は合わなかったの？』と聞かれます。ぜんぜんそんなことなくて。女子校は楽しかったんですよ。いじめも少なくとも私の学年はなかったし」

では、なぜ、高校を受験しなおしたのか。

「表向きの理由は学校が遠かったんです。家の玄関から校門まで一時間四十分かかるんですよ。テニス部にも入っていたので、練習のあとに満員電車に一時間以上も乗っていると、金曜日の夕方には電車の中でふらふらしてくるくらいで」

テスト前には寝不足で電車内で倒れたことがある。同じ車両に乗っていた同級生が座席に座らせてくれて、最寄り駅まで付き添ってくれた。

迎えにきた母が「大丈夫なの？　やっぱり遠かったわね」と少し申し訳なさそうに言ったのを彼女は聞き逃さなかった。

中学受験の第一志望は共学の渋谷教育学園渋谷であった。渋谷にあること、オシャレな制服、自由な校風で人気の進学校である。もともと女子校であったせいか、とくに女子のあいだでは「渋渋」に通うことはステイタスになっている。

「渋渋は自分の意思で選んで受験したんですよ。でも、第二志望以下は塾のアドバイスや親の意向で決まっていきました」

合格したのは偏差値急上昇中の女子進学校と、少人数で手厚い中堅校の二つ。後者は通学には便利だったが、受験会場でいっしょだったほかの受験生がおっとりしたお嬢様ふうの子が多く、「気の強い私は浮くな」と思ったこともあり、自宅から遠い進学校に入学した。

女子校全体の進学熱が高まっていた時期でもあり、そのなかでも進学率が伸びていた女子校のカリキュラムは予想以上に厳しかった。宿題が山のように出され、小テストも毎日のようにある。小テストは合格点まで何回も追試を受けさせられるので、「一回目でいい点を取るのが、いちばん拘束時間が短いんです。定期試験の成績が悪いと補講もありました。そうするとさらに拘束されるので、必死で勉強して追試や補講に呼ばれないようにしていました」。

女子校の校風は予想外に肌に合い、「鬼ごっこをやったりして楽しく過ごしてましたね。いま思うと人生でいちばん居心地がいい場所でした」と言うが、いかんせん、勉強量の多さと通学時間でヘトヘトになっていた。

しかし、彼女が母親に「高校はA校に行きたい」と相談したのには、もう一つ理由があった。A校は自宅からほど近い大学の付属の共学校である。乗り換えのターミナル駅でたまに同じ小学校からその共学校に行った子に会うと、いつも男子といっしょだった。

規則が自由な学校で友人はすっかりオシャレになっていた。それにくらべて自分は校則の厳しい女子校で、髪をとめるゴムも黒以外は使えないし、制服もパッとしない。

「その子に呼ばれて文化祭に行ったんですけど、男子と女子が立ち話とかしているんですよ。なんか少女漫画みたいだなあと思ったんです」

じつは中学受験のときもあこがれていた学校であったが、滑り止めにするには偏差値が高すぎた。

「でも、スパルタ的に勉強させる女子校のカリキュラムをこなしているうちに、すっかり学力が上がったので、高校受験したら確実にその高校に受かる力が身についていたんですよ。

だったら一度きりの高校生活は共学で過ごしたいなあって考えたんです」

娘が電車の中で倒れたとなれば親としては不安になる。もっと近い学校に通いたいと言えば、賛成せざるをえない。

「成績が上がっていたので、家族のなかでの私の発言権も高まっていたというのもありますね」

かくして彼女は高校受験をして、無事にその私立大学付属の名門高校に入学した。

女子校の教師も友だちも「通学時間が長すぎて倒れた」事件を知っているので、受験を応援してくれ、合格するとお祝い会まで開いてくれた。

「あの学校ってカッコいい男の子多いよ」

「男子といっしょに授業をするなんてドキドキしちゃうね。青春だね」

みな自分のことのように喜んでくれる。

終わり際に一人がポケットからリップグロスを取り出した。パリの化粧品ブランド、ランコムの人気商品だ。透明のチューブの中のピンクのグロスが輝いている。

「これ、お父さんが海外出張のときに買ってきてくれたんだけど、色がつきすぎちゃって私は使えないから、あげるよ」

ほかの友だちがバッグから鏡を出して「つけてみなよ」と言う。

彼女はキャップを外し、そっとリップグロスを唇に乗せていく。フルーツの香りが広がり、唇にオレンジがかったピンクの膜ができ、パッと顔が華やぐ。

「色が白いから似合うねー」

「こういうのを学校につけていけるのか、いいなー」

友だちの声を聞きながら、彼女は高校生活への希望を膨らませる。

「女子校っぽいよね」と言われる

入学式の朝にグロスをつけようか悩んだが、初日は様子を見ようと思い、いつものメンソレータムリップをつけて出かけた。

だが、入学式の会場に足を踏み入れると、「やっぱりランコムのグロスをつけてくればよかった」と後悔する。

幼稚園、初等部、中等部と下から続く名門校の高等部の入学式。そこには校則が厳しかった女子校とはまったく違う風景が広がっていた。半分は中等部からもちあがってきている内部生で、彼ら彼女らは髪を染めている子も多くオシャレだ。それ以外の公立中学から来た子たちも、どこか大人びている。

同じクラスになった女子と話していたら、まつ毛が重力に逆らって上を向いているのに気づく。陽の光が当たると、塗られたマスカラの色がブラウンだとわかった。髪の色と合わせているのだ。眉毛もブラウンのマスカラが塗られている。

自分は眉墨すら使っていないので少し恥ずかしくなった。

そのマスカラの女子とは部活も同じテニス部だったが、練習が終わっても眉のメイクが落ちない。

「眉墨と眉毛マスカラで仕上げると汗をかいても落ちないって、その子から教わりました。ちょっと前まで中学生だったのに、どうしてそんな技術を習得しているのか、って驚きました。女子校時代は眉を描いている子も少数派でしたから」

テニス部の仲間はその女子以外もみな華やかだった。同じ学年の部員は彼女以外、全員がすぐに彼氏をつくり、しかもそれは、サッカー部やバスケ部の垢抜《あかぬ》けた男子たちだった。

「男子の運動系の部活はサッカー部とバスケ部が人気でした。彼らは茶髪で、みんな腰でパンツをはいていましたね。それにくらべて野球部はじゃっかん人気が落ちるんですよ。坊主頭だから」

　そんな新しい環境に少し慣れてきたと感じはじめていたある日、テニス部の仲間とプリクラを撮ることになった。そのとき、彼女が顔のパーツを中央に寄せて、お得意の「ヘン顔」をつくると、こう言われた。

「女子校っぽいよね」

　相手のあきれたような表情はいまでも忘れられない。

「理由はなんとなくわかりました。女子校だと友だちをつくるためには、まず相手を笑わせようとするんです。笑わせたやつが勝ち、みたいな競争もあったので、つい、高校でもそれをやってしまったんです」

　女子校では異性にモテることで承認欲求が満たされないので、笑いをとることで認められようとした。

「女子校では〝ヘン顔〟をつくるんですよ。汚い表情や気持ち悪い顔、何でもいいから、ヘンならヘンなほどいい。『うわー、超ヘンな顔、気持ち悪いっ！』とウケれば勝ちですからね。でも共学だと、女子はそんなにヘンな顔をつくらないんですよ。あくまでもかわいい範囲のヘン顔。彼女たちは自分をブサイクにしてまで笑いをとろうとしない」

しかし、入部して最初につくってしまった「笑いをとるポジション」を変えるのは困難だ。それ以前に、ほかのコミュニケーション手段がわからない。

そこで、外見を磨くことは少しずつ覚えていくようにした。

最初に直したのはスカート丈だった。

部活が終わって帰宅しようとして、窓ガラスに映った姿を見て気づいた。ほかの子たちにくらべて、自分だけどこか不格好なのだ。スタイル自体に差があるわけではない。

どこがいけないのかと悩み、あるとき、ひらめいてスカートの丈を長くしてみると、急に垢抜けた。

「スカート丈が短すぎたんです。女子校だと同調意識だけは強いので、『友だちが短くするから私も短くする』なんですよ。下半身デブでも太ももを出すし、無駄毛もボーボーだったりしました。女子校の子は何も考えずに脚を出すんです。共学の子はちゃんと目的があって脚を出す。脚がまっすぐできれいな子しか太ももは出さない。太い子はルーズソックスを膝のところまで上げて脚を隠すんです」

それから、外見への気のつかい方を変えた。かわいい同級生がやっていることをそのまま真似してはダメだ。自分に似合うかどうかを考えて採り入れる。毎晩十分、練習した成果があり、アイラインの引き方をマスターした。一気に引くのではなくて、〇・五ミリずつ、まつ毛とまつ毛のあいだに線を入れていくのだ。

だが、なかなかアイラインを学校にしていく勇気が出ない。

「女子校では、みんなそれぞれに自分の趣味に忙しくて他人に興味がないんです。オタクは同人誌作家の話をして、ジャニオタ（ジャニーズオタク）はアイドル雑誌の切り抜きの交換会を毎日のようにやっているし。ギャルっぽい子は男子校との合コンの打ち合わせをしていて、みんな個々の好きなことで忙しいから、他人に関心がないんです。だから脚に無駄毛が生えたままにできるんです。ところが共学の場合、女子どうしがほかの女子を『ねえねえ、見て見て、あの子の髪型おかしいよね』って後ろ指さす空気がありました」

もし、自分がアイラインを引いていって、それがおかしかったら陰で笑われると思うと怖い。「異性がいるなかでの女子どうしの監視の目」をはじめて知った彼女には、それは恐怖であった。

「女子の進学校だと半分はオタクですからね。いつもマニアックな同人誌がクラスを飛び交っていましたよ。漫画を描いている子もいて。ところが共学だと、漫画っていうと『スラムダンク』みたいな超メジャーな作品を読むって感じで、オタクもまったく見かけなかったですね。たぶん隠れていて可視化できなかったんだと思います」

漫画のような楽しい学園生活にあこがれて、わざわざ受験しなおして共学校に入った彼女だったが、「高校生活は楽しかったですか?」と聞けば「微妙だ」と答える。

女子校のときはあまり寄り道もしなかったが、共学では毎日のようにみんなで遊んでから帰った。ファミレスやファストフード店での会話は、すべて恋愛や男の子のウワサ話であった。

「共学の世界では、女の子どうしはとりあえず恋バナをしてコミュニケーションをとろうとします。女子校のときはいっさい恋愛の話なんてしませんでしたからね」

彼氏のいない彼女は聞き役にまわることが多かった。

あんなのとつきあわれると私たちも恥ずかしい

だが、好きな人はいたという。

「入学して最初にしゃべったのは、男子だったんですよ。免疫ないからコロッとやられてしまって」と笑う。

入学してすぐに、彼のほうが彼女に声をかけてきた。

「中学はどんなだったの？　あの学校、英語とかすごいんでしょ」

小学校時代に聞いた男児たちとは違う男の人の声だ。そして彼は、興味深そうに彼女の話に耳を傾ける。

「いま思えば、ガリ勉の彼は進学校のカリキュラムに興味があっただけなんですよ」

中学三年間、塾にも行かず、ただ学校と家の往復をしていて、男子と接する機会がなかった彼女にとっては、三年ぶりの男子とのちゃんとした会話だった。

そんな彼はある日、数学で当てられた。ほかのクラスメートが彼のほうをちらりと見る。黒板に書かれた問題は難問で、理系に強い私立中学にいた彼女もどうやって解けばいいかわからなかった。

彼は黒板の前にあるチョークを手にとると、少しだけ考えてから数式を書いていった。チョークが黒板に当たる心地よい音が教室に響きわたる。

途中で彼女も解き方が見えてきたが、彼は彼女の推測よりもさらにシンプルで効率的に問題を解いていく。

「彼は文系は苦手だったけれど、数学は学年でも一番か二番だったんですよ」と彼女は少し自慢げな口調になる。

「中学のころも数学が得意な子はいましたけど、彼はもっと無駄がない、きれいな解き方を見せてくれたんです」

問題を解き終わって、彼は席に戻った。いつもと変わらない表情だったが、口元の動きから誇らしげな気持ちが感じられた。

そのとき、彼女は彼を好きだと確信した。

好きな人ができた……。

彼女にとっては嬉しい大事件であった。いつも聞き役にまわっている恋バナタイムで、自分もしゃべる話題ができたのだから。

さっそく、部活の帰り道に入ったマクドナルドで「好きな人がいる」と彼の名前を告げると、三秒ほどの沈黙のあとに爆笑が起きた。

「ありえない、お股へアー!?」

彼は髪の量が多かった。後頭部がなぜか真ん中分けで、前髪が三角になっていた。後ろから彼の頭を見ると「Y」字になっている。それが女性の股の部分のようだから「お股へアー」と呼ばれていたのだ。

「クラスのギャルが名づけたらしいんですが、うまいな、と感心しました」

そんな彼の見た目を気にしないところが、彼女は「媚《こ》びない感じでいい、と見えたんですよ」と言う。

しかし、彼女は周囲に笑われたことで安心した。

「つまり、競争率が低いってことですよねえ。ほかの女子に奪われないってことでしょ」

気をよくした彼女が女子校時代に使っていた英語の教科書をもっていくと、彼は興味深そうに見ていた。彼が通っていた公立中の教科書とはぜんぜん違うらしい。リンカーンの演説の長文を彼が読んでいるので、「それって暗記させられたよ」と言い、彼女が一部分を諳《そら》んじると、彼は感心したような目を向けた。

「発音がきれいだよね。中学にはネイティブの先生もいたんでしょ?」と聞かれて、「えっ?」と驚く表情をしてしまう。

「日本じゅうすべての中学校にネイティブの英会話の先生がいると思い込んでいたんです。私の反応を見て、彼もたぶん、女子校の女は世間知らずって思ったでしょうね。あのころの私はほんとうに空気が読めなかったんです」

それからも彼は、英語の文法でわからないことがあると彼女に聞いてきた。

「教えるの、うまいよね。わかりやすい。そうやって理論的に教えてくれると」と言われると、彼女は「プロポーズされたみたいな気分でしたね。舞い上がっちゃった」という。

テンションが上がった彼女は、テニス部の仲間とロッテリアに入ってテーブルに着くと、「お股ヘアーとの関係をどうにか進展させたい。どうしたらいいのだろうか」とまくしたててから、女子校のクセでマシンガントークをしてしまった、と気づいて焦る。

だが、仲間たちは「またお股ヘアー⁉ ありえない」と大笑いすると、違う話題に移っていった。

どうして、自分の恋の相談に乗ってくれないのかと思い、帰り道に長めのルーズソックスを膝上まで上げている友だちに聞いてみた。

「ねえ、お股ヘアーとはダメかな？」

すると、相手はイラッとした表情になった。仲間うちではいちばんおとなしく温和な彼女が、はじめて見せる険しい顔だった。

「あんなのとつきあったら、あなただけじゃなくて、うちらテニス部全体が恥ずかしいでしょう」

そう言われて腹が立つ。あんなの、と言われる筋合いはない。

「どうして恥ずかしいの？」

「本人もイヤだけど、それよりつるんでいる連中がキモいでしょう。もし、あんたがあいつとつきあったら、あんたもキモい連中の仲間になるわけ。そうしたら、私はあんたと友だちじゃいられなくなるよ。もちろん、テニス部にいてもらうのも迷惑だし」

相手は「ここまで言わせるのか」という顔である。

「私は共学を理解してなかったな、と痛感しました。私は彼のまわりの男子もべつに気持ち悪いと思わなかったんですよ。絵に描いたようなオタクっぽい男子とかもいたけど、女子校ではその女版みたいな子もキモいなんて言われてなかったし」

ふだんは本音を言わない友人の強い調子に驚いたが、少し時間がたつと腹が立ってきた。

「なに、その階級意識」

女子テニス部は学校のなかで一目置かれている。みなプライドが高かった。インターハイで優勝できる名門テニス部というわけでもないのに、なぜ地位が高いのかといえば、かわいい子が多くて華やいでいたからだ。そんなの、汗をかいても落ちないウォータープルーフのマスカラを上手に塗っているだけじゃないか。

勉強が特別できるわけでも、テニスが格段強いわけでも、原宿を歩いていてモデルにスカウトされるような生来の美しさをもっているわけでもない。それなのに、どうして人を見下すのか――。

「なんで好きな人を好きって言っちゃいけないのさ」

だいたい、彼女は学校の「イケてる男子」の基準がどうも納得できなかった。文化系のクラブはダメで、運動系が上。そのなかでもサッカー部は腰でパンツをはいていて、オシャレだから人気、野球部は坊主だからダメ。本人の資質よりも、髪型や着ているユニフォームでカッコよさが決まる。

サッカー部以外では、不良ぶっている帰宅部の男子が幅をきかせていた。

「彼らは見た目はチャラいんですが、それは美意識の高さの表れでした。美意識に比例してプライドも高いから、上の大学にエスカレーター式に上がるのは嫌で、予備校に通って受験勉強をしていました。でも、彼らとつきあっている女の子たちは、上の大学に行くから勉強しないでいいやっていうお嬢様タイプで、オシャレのことしか考えてない子たちです」

彼女は高校に入っても成績は伸びつづけていた。全国模試の上位成績者に名前が何度か載った。そのたびに、プライドが高い男子たちから冷ややかな視線を向けられるのを感じた。彼らから冷たい視線を向けられると、彼らにあこがれる女子も彼女を生ぬるい目で見る。

「あのころは女子校に戻りたかったですね。顔にニキビができても気にしないで学校に行ける。何か発言するときに気をつかわなくてもいい。楽園だったなあ、と思って」

そう思う一方で、彼女には自分の選択が間違っていたと認めたくない気持ちもあり、「女子校での楽しい生活を捨てて共学に来たんだから、好きな人には告白しよう」と思い立つ。ふられたらふられたで、女子校の仲間に対しては武勇伝になる。「生身の男にふられた」と言えば、女子校の友人たちからは「大人っぽい！」「すごいね」「ドラマみたい」と尊敬されることは間違いなしだ。いかんせん、クラスメートが駅で男子と立ち話をしていれば大事件になるような校風だったから。

もし彼とつきあうことになってもテニス部は辞めない。ほかの部員が嫌がっても、あっちが間違っているのだ。どうして花のテニス部（笑）だからって、お股へアーとつきあってはいけないのか。

女子校では「周囲にふりまわされず自分の考えで行動しなさい」と自主自律の精神を教え込まれたことを思い出す。告白しようと心に決めた。

だが、いざ決心するとスキル的な問題が浮かび上がってきた。

化粧の技術でカーストが決まる

「アプローチというのは、どうやってすればいいのか」

いざ告白しようと思ったものの、いかんせん、男子を好きになるのさえはじめてだ。

部活の仲間に彼氏ができる過程は、「最初、数人で遊びにいく。そのうち二人で会うようになる。何回かデートを重ね、男子のほうから『つきあって』と言わせる」であった。

だが、お股へアーの仲間と遊びにいこうと言って、ついてくる女子の友だちはいない。

悩んでいると、ある日、彼が『指輪物語』の文庫本を持ち歩いているのに気づいた。もうすぐ公開になる『ロード・オブ・ザ・リング』の原作である。

彼女は図書館で雑誌や新聞を調べて、試写会のペア招待に応募しまくった。

「前売り券をもって『チケットが二枚あるから、いっしょに行かない?』より『試写会のチケットがあるの』のほうが自然かなと考えたんです」

週刊誌のプレゼントに応募したら、みごと当たった。名義は父親の名前だが、招待券に年齢は書いていない。

その招待券をもって彼女は彼にこう話した。

試写会のチケットが当たったこと。父親と行く予定だったが、父親が忙しくて行けなくなったこと。当選者の名義が男性だから、女子二人だと入れてもらえないかもしれない。だからいっしょに行かないか、と。

だが、彼は問題集から顔も上げずに言った。

「土曜日は一日予備校だから。お母さんと行ったら？　大丈夫だよ、男の名義でも事情を話せば入れてもらえるよ」

つれない返事は想定内だ。でも、せめて目ぐらい合わせてもらいたい。

「でも、せっかく当たったから好きな人と行きたいなと思って」

と口にしてから、顔が赤くなるのを感じ、

「『指輪物語』が好きな人って意味ね」とあわててつけくわえた。

彼はノートに鉛筆を走らせている。シャープペンシルより鉛筆のほうが書きやすいからと言っていたのを思い出す。彼の字は整ってきれいだった。

「しつこいよ」

穏やかに彼はつぶやいた。

「怒ったふうに言ってくれたら、まだ救いがあったんですが、ほんとうにいつも以上に優しくフランクな感じでそう言ったんですよ。ほんとうに私に興味がないんだな、と感じました。そういう場合、私も笑って『ごめーん！』とごまかせばよかったんです。でも、ほら、そんな機転はきかないから、無言で走り去ってしまったんです。馬鹿ですよね。その後、学校で彼と顔を合わせるのが気まずくなるじゃないですか」

彼女は笑いをこらえながら話す。

「彼のほうからしたら、私は文系科目が得意なクラスメートでしかなかったんです。しかも、たいしてかわいくもないのに、テニス部に入って必死に高いカーストに入ろうとしているように見えたはず。それなのに、自分にちょっかい出してくる。ウザかったんでしょうね」

彼女の行動は、共学のなかでは「理にかなっていなかった」のだろう。高いカーストをめざすなら、サッカー部あたりのカッコいい男子とつきあおうとすべきなのに、なぜか、お股へアーに恋心を抱く。

アメリカの人気ドラマ『ｇｌｅｅ』は、高校のミュージカルクラブを舞台にした青春ドラマだが、いじめの標的になった男子生徒が自分のカーストを上げようとして、歌がうまく人気者の黒人女子に「つきあってくれ」と告白するエピソードがある。人気者の彼女はいちばん高いカーストにいる。その人気者をガールフレンドにすれば、自分の地位が上がると考えたのだ。

だが、中学を女子校で過ごした彼女にはそんな知恵はなかった。カーストというものも理解していなかったし、上のカーストに行きたいとも思っていなかった。

「中学のときは漠然としたイメージで『共学に行くと、彼氏もできて楽しい青春が送れる』とあこがれていました。でも、実際に共学で楽しい高校生活を送るためには、スキルや配慮が必要だったんです」

高校では、女子はかわいいことに絶対的な価値があった。茶髪にすること、化粧をすること。彼女が最後までアイラインを引かなかったのは、共学の空気に対する反発だったのかもしれない。

「アイラインを引くか引かないかで人の価値が決まるって、イヤじゃないですか。あ、でも、いまはちゃんと引いてますよ。仕事の場では、ちゃんとメイクしていたほうがフォーマル感が出るので」

と指でまぶたのキワをさした。

話を聞いているあいだに、彼女が通っていた女子校の文化祭に行って、部活動のレベルが高かったことを私が告げると、彼女は自分が褒められたように嬉しそうな顔で「ありがとうございます」と答えた。いまでも女子校時代の友人とは仲がよいという。彼女にとって女子校は大切な母校となっているようだ。

だが、こうも言う。

「あのまま女子校にいれば楽しかったと思いますが、いま社会人になってふりかえると、高校時代に社会というものを知ってよかったと思うんですよ。私は〝お股へアー〟の彼がカッコよく見えた。でも、社会一般では彼はカッコよくない。その落差をちゃんと見極めて行動しないとならないんですよね」

第2章

「世間の目」を気にしない女子校育ち

晃華学園中学校

女子校にスクールカーストはない

多くの中学、高校を見てきている、日能研グループみくに出版の教育雑誌『進学レーダー』編集長の井上修氏は言う。

「朝井リョウの『桐島、部活やめるってよ』(集英社、以下『桐島、』)は、共学校におけるスクールカーストの話です。ああいうものは女子校ではないです」

『桐島、』は映画化され、コミック化もされている。小説も映画もヒットして話題になったのは、多くの人たちにとってスクールカーストが切実なものであったからだろう。

スクールカーストとは文字どおり、学校内のアンフォーマルな階級である。

『桐島、』ではスクールカーストはどう描かれるのか。

舞台は地方の公立高校。タイトルに出てくる桐島は男子バレーボール部のキャプテンである。その桐島が部を辞めるという出来事を中心に、周辺の生徒たちの心情が語られる。

桐島がいなくなって内心喜ぶチームメートたち。そこには花形クラブ内のカーストが見え隠れする。バレー部内のカーストで上のほうにいた桐島がいなくなることで、自分たちが上に行けるからだ。

だが、そのバレー部の部員全員を仰ぎ見る生徒たちもいる。

この高校のカーストは運動系部活が上で、文化系のクラブは下となる。

映画部がコンクールで入賞して、全校集会で表彰されることになった。

集会で校長が、「それでは今日表彰される皆さんです。向かって左から」と、壇上に乗っている生徒たちの部を紹介していく。

男子バレー部、女子バレー部、ソフトボール部、ブラスバンド部、卓球部、映画部。

校長が「映画部」と言ったところで、その場の空気が微妙に変化する。

「映画部ってなに？　そんなんあったん？」

そんなニュアンスで、みなが壇上の映画部の生徒を眺める。

その生徒は同じ壇上にいるバレー部の生徒を見て、こう思う。


なんで同じ学生服なのに、僕らが着るとこうも情けない感じになってしまうんだろう。今、表彰状をもらいに行った男子バレー部の、副部長？　かな？　と（背が小さいから多分）リベロのふたりだって、どう着ているのかわからないけれど、かっこいい。

どこであのちょっと太めのズボンを手に入れているかもわからないし、寸胴に見えない学ランはどういう作りであういうシルエットになるのかもわからない。僕は何一つ校則を破っていない制服を身にまとっていて、白いシャツや黄色いリストバンドや青いミサンガや赤いベルトなんかで、真っ黒な制服に色をつけられない。

僕にはわからないことがたくさんある。

高校って、生徒がランク付けされる。なぜか、それは全員の意見が一致する。英語とか国語ではわけわかんない答えを連発するヤツでも、ランク付けだけは間違わない。大きく分けると目立つ人と目立たない人。運動部と文化部。

上か下か。

目立つ人は目立つ人と仲良くなり、目立たない人は目立たない人と仲良くなる。目立つ人は同じ制服でもかっこよく着られるし、髪の毛だって凝っていいし、染めていいし、大きな声で話していいし笑っていいし行事でも騒いでいい。目立たない人は、全部だめだ。

この小説にあるようなスクールカーストは、実際に存在するのだろうか。

二〇一二年に発行された『教室内《スクール》カースト』(鈴木翔著、本田由紀解説、光文社新書)では、二八七四名の公立中学の生徒を対象にスクールカーストに関する調査をしており、スクールカーストの存在が確認できる。

では、現実の共学校でのスクールカーストについて、二十代の共学出身者たちに聞いてみた。

神奈川の県立進学校、光陵高校出身の二十代女性会社員は、大きな瞳に白い肌が印象的な女性だ。有名大学から人気企業に進んだ彼女は美貌とキャリアを兼ね備えている「勝ち組」に見えるが、高校時代のカーストは「文化系だったので低かった」という。

「うちの高校はサッカー部が強かったんです。とてもプライドが高くて、新入生歓迎会でほかのクラブが『ぜひ入部してください』と頭を下げているなかで、サッカー部だけが『本気でやる気があるやつだけ来い』と高飛車な感じでした。彼らは成績もよくて見た目もいい。女子はバスケ部が花形で、サッカー部の男子とバスケ部の女子のカップルがカーストのいちばん上に君臨していました」

男子はスポーツ、勉強、そしてオシャレであることでカーストが決まるようだ。

一方、女子はどこでカーストが決まるのか。

成蹊高校出身の女性（二十代、公務員）は言う。

「いかにかわいいか、ですね。生来の顔立ちのよさではなくて、ヘアスタイルやメイクでかわいく見せている子がカーストが高い。茶髪でやせていることが重要。巨乳は評価されなくて、とにかく細いことがよしとされました。そういう子たちは彼氏がいたし、華やいでいる。成績がよくても悪くても関係ないです」

また、山梨の県立進学校出身者は言う。こちらのスクールカーストはやや違う。

「なぜ、共学だとスクールカーストがあるかというと、異性の目があるからです。モテ・非モテで女子のカーストが決まります。女子どうしで集まると恋の話になります。共通の話題は恋愛、つまり、男の子の話になります。そうすると、いかに男子との交流が多いかでカーストが決まっていくんですよ。私たちのグループは社交的な子が多くて男友だちも多かったので、カースト上位のグループでした。反対に、見た目がかわいい女子でも同性とばかり遊んでいると下のほうにいましたね。一度、下のほうのグループの子が私たちのグループに入ろうとして、もめたことがありました。私たちのパーティに来ようとしたけれど、それとなく断ったら大泣きされました」

ここでは「異性との交流の多さ」が女子のカーストを決めている。

今回、取材をしていて、私自身が女子校出身であるがゆえに共学校を見たいと考え、都立の中高一貫制のトップ校、都立小石川中学・高校の文化祭に行ってみた。男女いっしょに盛り上げている企画や部活は華やいでいる。呼び込まれて入った企画では、女の子たちがみな茶髪でホットパンツから白くまっすぐな脚を出していた。

一方、吹奏学部は呼び込みもせず、おとなしい雰囲気を醸《かも》している。女子しか姿がないので、「女子が多いんですか？」と聞くと、吹奏楽部は現在、女子しかいないという。フィルハーモニーオーケストラや軽音楽部には男子がいるが、吹奏楽部からは男子は消えてしまったらしい。

吹奏楽部の女子生徒たちは顔立ちがよく黒髪で清楚な美少女が多かったが、どこかしら地味な印象であった。

この都立小石川での印象を話すと、成蹊高校出身の女性はこう答えた。

「そういう清楚で、よく見るとこの子、超かわいいじゃん的な評価はないんですよ。ほどよい茶髪、メイクでかわいさは決まっていく。両親が厳しくて髪を染めたりできない子は、それだけでカーストが下がるわけです」

なぜ男女がいるとカーストが形成されるのか

このようなスクールカーストが存在する理由を、『進学レーダー』編集長の井上氏は「共学校には世間がありますから」と言った。

〝世間〟とは、一般に社会や共同体を意味する。

不特定多数からなる共同体では、他者と共存していくために気配りが必要だ。そのため、他人から見て自分がどうであるかを見極めないとならない。

「世間の目」という言葉があるように、世間があれば他者の目を気にするようになる。

ところが、女子校は同じ偏差値で同じ性、そして一つの校風に集まる生徒は同じような価値観、家庭環境であるので、「似たものどうし」が集まって、同級生は他人というよりも姉妹のような存在になる。ガリ勉の姉、オタクの次女、ギャルっぽい三女。さまざまなタイプの女の子が集まっても、あくまでも「姉妹」なのである。たまにはケンカもするが、家族なのでお互いに気を許し、腹を見せ合っている。

家のなかには家族しかいなくて世間の目がないから、好き勝手にふるまう。外では世間の目を気にして、きっちりとジェントルマンとしてふるまっている管理職サラリーマンも、家のなかならパンツ一枚でテレビを観ることもあろう。妻や娘に「お父さん！　もう、裸でソファに寝っ転がらないでよ。ソファが汗で汚れるでしょ」と怒られても、同じことをくりかえす。

共学においては学校空間が「世間」であるなら、女子校のそれは「家のなか」となる。

では「世間」というものができる理由をもう少しくわしく聞いていこう。

フェリス出身のエンジニアは「会社に入ってはじめて世間を知った」と言う。入社して配属された技術部署は、男性のなかに女子は彼女一人だった。

男性のなかで女子が一人だと、「女の子だから」と甘やかしてはくれないが、一方で「女の役割」も求められない。仕事さえしっかりとやればいい。

ところが、異動になって女性が四割の部署になると、「どうふるまっていいかわからなくて困惑した」という。

「男性ばかりの部署で、先輩が『飲みにいくぞ』と言うのでついていったら、二七〇円居酒屋で『ＡＫＢ総選挙の反省会』なんですよ。薄い味の生ビールを飲みながら男どうしがずっとＡＫＢの話をしているんです。大島優子や渡辺麻友みたいなメジャーな娘じゃなくて、名前を聞いたこともないような娘の話をしているから私は参加できない」

男性たちは容赦なく彼女を放置する。仕方ないので、彼女はスマートフォンで友だちからのメールを読んだりしていた。

「そのうち『あのメンバーにこういうコスプレをしてもらいたい』『週刊プレイボーイでやってくれないかなー』とかフェチズムの話になっていって、ちょっと気持ち悪かったですよ。同僚の性的な嗜好《しこう》なんて知りたくもない」

男性ばかりの職場なので「世間」がない。男性たちは他人の目を気にせず、好き放題に話す。

ところが、男女が6：4くらいの部署の飲み会は違ってくる。

「男性も気をつかいますよね。飲み会もちょっと洒落《しやれ》たダイニングを予約して、AKBの話なんてしない。前の部署では、私はお酌なんてしなくてよかったんです。男どうしで酌み交わすので、私はボーッとしていてよかった。ところがいまの職場だと、ほかの女性社員がお酌をするので私もしないとならない。ふだんの職場でも、前の部署ではジーンズにTシャツで出勤してもよかったんですが、いまの部署だとほかの女性に合わせて小ぎれいにしないとダメ。汚い格好をしていると、男性たちの扱いが悪くなるように感じます。女はスカートをはいていたほうが仕事がうまくまわるような空気がありますね」

職場に複数の男女がいると、世間が生まれ、男女の役割が生まれてくる。この役割をきちんと演じることが社会性と言われるならば、世間知らずの女子校出身者は戸惑うことが多い。

「できたら仕事にはパンツで行きたいんですよ。スカートだといろいろと面倒でつらいですね。すね毛の処理の手間がかかるし、ヒールのある靴をはかないとバランスが悪くなるし。ヒールなんて慣れないから、すぐに足にマメができてしまって。マメに薬を塗りながら、〝これが世間なのかな〟って思いました。仕事をちゃんとするだけじゃダメで、身体も拘束されるんだって」

職場にいる人間の違いは、男女という性差だけではない。正社員、契約社員、アルバイトといったさまざまな雇用形態の人間、さまざまな年齢、さまざまな価値観の人間が存在して、より複雑な世間が形成される。

桜蔭出身の社会学者が言う。

「女子校ではみな率直にものを言う。桜蔭もそうでした。それは、同質性が強い集団なので相手に対して気づかいをしないでいいからです。同じ性、同じ年齢、同じ偏差値、そして、その学校の校風に集まるのは似た子となります。でも、公立校にはいろんな子がいるので、そうはいかないのでは」

首都圏は女子校の数が多く、同じランクの偏差値でも校風は千差万別。中堅校でも三輪田学園はおっとりしているが、恵泉女学園は積極的に意見を言う子が多い。進学校でも吉祥女子は元気がよく、鷗友学園女子ははにかむような女の子らしい生徒が多い。

文化祭においても、吉祥女子のダンス部の公演はほかの生徒がペンライトを振って声援を送るが、鷗友のダンス班（部）の公演では、みな着席して手拍子をしながら礼儀正しく鑑賞していた。

受験生たちは豊富な選択肢のなかから自分にあった学校を選ぶので、一つの学校には似たような子が集まりやすい。結果、ますます生徒の同一性は高くなる。自分と同質の相手には気をつかわなくていい。自分が言われてイヤなことを言わなければ、相手は傷つかない。相手の気持ちを想像しないでもいいのだ。

だが共学、とくに公立中学にはさまざまな偏差値、家庭環境の生徒が集《つど》うので、そこで過ごせば、異性や自分とは価値観の違う人たちとうまく調整する技術を身につけられる。自分とかけ離れた他者の気持ちを想像する能力が育っている。もし、それを社会性と呼ぶとしたら、女子校出身者はそれにも欠けることになる。

香蘭女学校出身の女性が言う。

「優秀な女性の上司がいて、彼女を見ていてすごいと思うのは、余計なことを言わないことです。役員がとんちんかんなことを言うと、私だとつい『いや、それは的外れでは？』と訂正してしまう。ところが、その上司は黙っている。彼女は地方の県立の進学校出身なんですが、その学校は制度の関係で、上司のような秀才とヤンキーが同じクラスにいたそうです。上司は成績抜群で、バレー部に所属して、美人だった。でも、クラスではヤンキーグループが権力をもっていたので、つねに小さくなっていたそうです。『シンナーでラリってる子とかいてね。あ、シンナーってわかる？』なんて話しています。そういう環境で育ったことが上司のいまの社会性を育てたんだろう、と痛感します。だって、私はヤンキーなんて漫画のなかでしか見たことないですもんね」

つまり、スクールカーストをつくる原因が世間だとすると、世間がない女子校ではカーストが生まれないことになる。

この「女子校のスクールカーストのなさ」を「天国のようだった」と語るのは、高校から豊島岡女子学園に入った女性（二十代、大学生）。

「公立中学には確固たるカーストがありました。不良っぽくて派手な子たちがいちばん上。

彼女たちは校外の不良にネットワークがあるんですよ。その不良人脈が恐れられていました。彼女たちの次に来るのが、運動系の部活にいてそこそこ勉強ができる『元気女子』。その次がふつうの子。そして、いちばん下がおとなしいどん臭いグループです。私はそのいちばん下のカーストだったので、いじめられていましたね。勉強しない不良がいちばんエラくて正しいので、みんな学校では勉強しないんですよ。でも、私は塾の宿題なんかをやっていて空気が読めないヤツってこともあって、いじめられていたんです。とにかく頑張って勉強しました。豊島岡を第一志望にしたのは地元から離れた学校だったからです。中学の同級生と会わずにすむところに行きたくて。女子校の女の子どうしの人間関係がたいへんかな、と思ったけれど、入ったら、ぜんぜん想像と違いましたね。予想以上に勉強はたいへんで、もう悲鳴をあげていましたけど、真逆に人間関係はほんとうによかったですね。カーストもいじめもなくて、まるで楽園のよう。みんな仲よしというよりも、ゆるく共存している感じ。豊島岡はオタクが漫画を描いていても、だれもからかわないし。中入の子（中学入試で入ってくる生徒）と私たち高入（高校入試で入ってくる生徒）はお互いに『どうよ？』と思っていて、高入は『中入は毎朝五分間行っている運針を本気でやって、ちょっとキモい』と感じていて、中入の子たちは『高入はみんなギャルっぽい。彼氏がいる率が高そうでチャラい』と言っていたりするんです。でも、対立するほどではなくて、お互いに干渉し合わないですよ。豊島岡はさっぱりした性格の子が多いんですが、でも、仲のよい友だちはできて、一生つきあえる親友たちと出会えました。豊島区の女子校の先生方が連携して見まわりをしていたりと、規則は厳しいし、高架下で窓は開かないし、不満もいっぱいあったけど、夢のように楽しい三年間でした」

これが二十一世紀の女子校の現状である。

のちに理由をくわしく述べるが、現在はほとんどの女子校がこのようにカーストがない。だが、「女子校にカーストがない」といえば、「そんなことはないでしょう。周囲の女子校出身の人たちはお金持ちの娘との格差がつらかったって話していました。お弁当の中身から違うって」と指摘してくる。このような指摘が出てくる理由は何なのか。

たぶんそれは、一九八〇年代から九〇年代初頭ぐらいを女子校で過ごした人たちの話ではないだろうか。

つまり、二〇一三年現在、四十歳に達している女性たちの時代だ。今回、取材で話を聞いた七八人のうち、女子校カーストを語ったのは四十歳以上の女性たちであった。

一九八〇年代の女子校には階級が存在した

先ほど共学のカーストを描いた小説『桐島、部活やめるってよ』を紹介したが、女子校のカーストを描いた傑作は桐野夏生の『グロテスク』（文藝春秋）である。

『グロテスク』は、一九九七年に渋谷円山町で起きた「東電ＯＬ殺人事件」をモデルにしている。ホテル街で殺されていた当時三十九歳の娼婦が、じつは東京電力の総合職であった。慶應大学を卒業し、毎日定時で帰っても年収が一〇〇〇万円以上あったというエリート女性が、どうして夜のホテル街で売春をしていたのか。ときには数千円の安い金額でセックスを売っていたという。

被害者は慶應女子出身で、『グロテスク』のヒロインも、高校を大学付属の名門女子校で過ごしている。

裕福な子や勉強ができる子たちが集まっている女子校に、絶世の美貌をもつ女子生徒・ユリコが現れて、いちばん上に君臨する。勉強はできるがいくら努力してもトップになれず、見た目もよくないヒロイン・和恵は、スクールカーストの下のほうにいた。

二十年後、この二人はともに渋谷の娼婦として殺されて発見される。ユリコはただの老いた娼婦としてほとんど無視されるが、和恵は一流大学卒で有名企業に総合職として勤めていたことから大きくマスコミに注目され、〝なぜ、エリート女性が夜娼婦になったのか〟と騒ぎ立てられる。つまり、カーストが逆転したのだ。

『桐島、部活やめるってよ』にしろ『グロテスク』にしろ、カーストは物語を生み出す。だから取材する側としては、カーストがない現在の女子校に対しては物足りなさも感じた。

それにくらべて、一九八〇年代に女子校で過ごした女性たちが語る「女子校カースト」は劇的だ。

なぜ八〇年代にはカーストがあり、現在はそれが消滅したのか。それを検証するために、まず八〇年代の女子校を見てみよう。

現在と八〇年代の女子校事情でいちばん違うのは、まず中学入試の偏差値の決まり方だ。一部の小学校の受験では親の職業が吟味《ぎんみ》されると言われるが、中学受験は学力のみで決まる実力だけの世界だ。

現在、女子校の偏差値は男子校・共学校同様に大学への進学実績が影響する。東大合格者、早稲田・慶應合格者、そして、国立の医学部・薬学部の合格者の数が偏差値に関係する。

ところが八〇年代は、この進学実績以外に「お嬢様ステイタス」が偏差値に影響した。

女子校の始まりは明治時代の高等女学校であるが、当時そこに通えたのは、良家の子女だけであった。

漫画『はいからさんが通る』(講談社)は跡見学園がモデルとされる。ヒロインの紅緒は旗本の末裔《まつえい》で、父親は陸軍少佐であった。婚約者は社交界の華と言われる美男子の軍人。ところが、戦後になると高等教育を受ける女性が増え、庶民の娘もお嬢様校に通えるようになってくる。

取材を続けていると、「母親も女子校だった」という女子校出身者は非常に多い。一九八〇年代に白百合学園に入学した女性は、「母親は雙葉や白百合に入れなくて、東洋英和に通ったという人。なので、私をどうしても雙葉か白百合に入れたがったんです」と語った。世間一般からすると東洋英和も十分にお嬢様ブランドではあるが、彼女の母親は娘にさらなる上のブランドを与えようとしたのだろうか。

この一九八〇年代のお嬢様ブランドには二種類あった。

旧制高等女学校の流れを汲む「伝統校」、キリスト教系列の「ミッションスクール」である。前者は伝統校というだけあり歴史が長い。跡見、共立、三輪田、大妻、山脇などが「伝統校」と呼ばれている。三輪田はいまでも「質実剛健」であることが校風とされている。

「質実剛健」とは何か。辞書を引くと「飾り気がなく、まじめで、たくましく、しっかりしている」とある。

華美でなく、誠実な強い女性を育てたい、というわけだ。

ここで思い出すのが、皇太子・浩宮が独身時代に、結婚する女性の条件として「ニューヨークのティファニーに行ってあれやこれや買うような方では困る」と発言したことだ。まさに「質実剛健」。同時に皇太子は「語学が堪能であること」とも述べた。

この語学力を高める教育が充実しているのがミッションスクールである。フランス、アメリカ、カナダなどの欧米の修道会などが創設した教育機関なので、外国語教育に熱心である。白百合では英語だけではなくフランス語も学べる。この国際性ゆえか、美智子さま、雅子さまと二代にわたって皇太子妃はミッションスクール出身となり、それがミッションスクールを「お嬢様ブランド」にしていった。

これらの「お嬢様ブランド」校の多くは、大学受験の実績は高くなかった。系列の大学や短大にエスカレーター式で上がれるのも人気の理由の一つであった。

このころの保護者は「女の子には苦労をさせたくない。大学受験で失敗して経歴に傷がつかないように、中学受験で付属校に入れて、無事に短大や女子大を卒業させてあげたい」と考えた。

お嬢様ブランドの筆頭、聖心女子学院中等科は、日能研の「２０１３年 中学入試 予想R４一覧」では偏差値46。比較対象として他校のデータを示すと、桜蔭69、女子学院67、フェリス63、鷗友、吉祥女子、洗足が59である（すべて二月一日受験の場合）。

ところが、二十七年前の一九八六年の予想偏差値（栄冠教育出版株式会社編『高校（中学）受験案内：61年度用 進学スピードガイド 女子校編』みずうみ書房、を参照）によると、聖心の偏差値は63。桜蔭70、女子学院68、フェリス68、鷗友50、吉祥女子57、洗足46であった。

一九八〇年代後半に聖心女子大学に入学した女性は言う。

「聖心女子大学では付属から来た子がいちばんカーストが高くて、次が指定校推薦の子。そして私たちみたいに、進学校出身で受験に失敗して聖心に来た人間はもっとも下でした。日比谷や西高という都立トップ校から来た子たちもいましたが、成績がよくても、ものすごく地位は低かったですよ」

学力よりも、苦労せずに大学に入ったことがステイタスとされたのだ。

そのため中学受験においては、大学の付属校であることはお嬢様ブランドとなり、偏差値を上げる要因となった。

首都圏女子校（予想）偏差値ランキングの比較

1986年

慶應義塾中等部	71
桜蔭	70
女子学院	68
雙葉	68
青山学院	68
フェリス女学院	68
立教女学院	67
東洋英和女学院	66
学習院女子	66
成蹊	66
成城学園	64
白百合学園	64
横浜雙葉	64
聖心女子学院	63
大妻	62
共立女子	62
跡見学園	62
東京女学館	61
清泉女学院	60
山脇学園	58
実践女子学園	58
玉川学園	57
吉祥女子	57
女子聖学院	55
豊島岡女子学園	52
鷗友学園女子	50
洗足学園	46
鎌倉女学院	45

栄冠教育出版株式会社編『高校（中学）受験案内：61年度用 進学スピードガイド 女子校編』（みずうみ書房）より作成

2013年

慶應義塾中等部	69	
桜蔭	69	
女子学院	67	
豊島岡女子学園	66	2月2日
雙葉	64	
白百合学園	64	
フェリス女学院	63	
青山学院	62	
鷗友学園女子	59	2月1日
吉祥女子	59	2月1日
洗足学園	59	2月1日
学習院女子	58	2月1日
横浜雙葉	58	
立教女学院	58	
鎌倉女学院	56	2月2日
大妻	56	2月1日
東洋英和女学院	54	2月1日
共立女子	53	2月1日
成蹊	53	2月1日
清泉女学院	50	2月1日
東京女学館	50	2月1日
成城学園	50	2月1日
聖心女子学院	46	
跡見学園	44	2月1日
山脇学園	44	2月1日
実践女子学園	42	2月1日
女子聖学院	39	2月1日
玉川学園	37	2月1日

※日付は受験日

『2013年 中学入試 予想R4一覧』（2012年12月13日、日能研発行）より作成

八〇年代に共立女子で過ごした女性は言う。当時の共立は共立女子大や短大の付属校かつ伝統校として人気があった。

「私が中学受験したときに検討した学校もすべて付属校でした。聖心、共立、和洋九段女子を受けました。中学受験の勉強をしていたら、聖心に入れない政治家の娘が共立に来るパターンが多いというウワサ話を聞いたのですが、私の同級生には竹下登の孫で漫画家の影木栄貴や、金丸信の孫娘がいたと記憶します」

旧制高等女学校時代は「なぜ女性に教育を与えるか」という問いに対して、「いい妻となって夫を支え、賢い母親となって次世代を産み育てる良妻賢母を育成するため」というお題目が必要だったのだ。この流れは一九八〇年代に続いていた。

一九八〇年代は学歴至上主義の時代だったので、男子は勉強して、いい大学に入り、いい仕事に就けば、いくらでも上の階級に昇れた。しかし、女性は雇用での差別もあり、自分自身が努力して能力を高めてのランクアップは難しかった。

そのため女性、とくに女子校に通うような中産階級の女子たちの目的は、勝ち組の男性に選ばれることで、閉鎖された女子校にいても「世間が決める、いいお嫁さんに選ばれる要素」に縛られていた。

その見えない「世間の目」が彼女たちにカーストをつくらせていたのだ。

実家の家柄で自分のカーストが決まる

具体的に一九八〇年代の「女子校カースト」を見ていこう。

八〇年代の跡見学園では、約七割が系列の跡見学園短大に進学したという。先の一九八六年のデータによると、跡見の偏差値は62と上位校であった。

その当時の跡見学園に入学し、卒業後は跡見学園短大に進学した女性（四十代）に出会った。

「跡見は地味なお嬢様校という感じでした。堂々と『夢はお嫁さん』と言っちゃうみたいな。ほかの華やかな女子校の子たちを見て少しうらやましいと感じながらも、控えめでおしとやかな私たちが、最後には選ばれるという自負があった」

当時の跡見に来るのは自営業者の娘が多かったという。

「下町のお嬢様が通う学校と言いましょうか」

ちょうど『はいからさんが通る』のヒロイン、紅緒とイメージが重なる。

彼女たちがめざしたのは、やはり商売をやっている家の嫁だったという。少しでも格の高い家に嫁に行きたいと願い、それゆえに素行に気をつけていた。

具体的には、どんな家に嫁に行きたかったのかと聞くと、こう答えが返ってきた。

「銀座の老舗《しにせ》、たとえばフルーツの千疋屋とか、あんぱんの木村屋とか。あくまでもわかりやすい例だけど。そういうところに嫁に行くのが目標だったの。実際、千疋屋の御曹司は跡見の子とデートしまくっていたもの」

銀座の老舗の店主の妻は、「どこに出しても恥ずかしくない女性」でなければならない。ゆえに品行方正で、でしゃばらないことが求められた。

「成績がよく褒められて目立つのも、成績がビリで叱られて目立つのも、同じようにカッコ悪いことだった。学年に一人くらい東大に行く子もいたけれど、隠れて勉強している感じで。先生たちからは勉強しろと言われない代わりに、行動に関しては厳しくしつけられましたよ。校門に向かって『ごきげんよう』と挨拶《あいさつ》しないとならないから、通りがかりの人にからかわれたり」

この当時の跡見には、しっかりとしたスクールカーストがあり、それは実家の「家柄」で決まったという。

多くの生徒は自営業者の娘だったが、実家の商売での格付があり、豆腐店の娘は「同級生に『あなたの家には玄関がないのに、どうやって家に入るの？』と言われた」と悔しげだったという話もある。

では、そのなかでもっとも上なのは、どういう生徒だったのか。

「ウチの学年では大手企業のオーナーの娘。大手メーカーの社長は自社の商品を娘の同級生たちに配っていました」

親が何かしらの影響力を顕示《けんじ》するのでカーストが明確になっていく。

「だから、おうちの格が同じような子どうしで仲よくなっていくんです。ウチは中小企業を経営していたので、友だちも似たような子たちでした。大きな会社のオーナー社長の娘たちのコミュニティを仰ぎ見ていました」

お見合い結婚を前提にすると、結婚は家と家のバランスなので、実家のランクで自分のランクも決まっていく。その実家カーストを打ち破って、クラスの上の男性と結婚するのを「玉の輿」と言うが、跡見はおしとやかな校風なので「めざせ玉の輿」とはならなかったようだ。

ホームルームで美人コンテストが開かれた

身の丈に合った結婚を求めるがゆえに実家のカーストに縛られていたのが、かつての跡見学園だとしたら、対照的なのは六本木にある東洋英和女学院である。プロテスタント系ミッションスクールで、一九八〇年代は系列の短大や女子大に行く生徒も多かった。

現在も東京女学館、品川女子学院に並ぶ「モテ系女子校」として華やかなイメージがあるが、お嬢様的なステイタスもあり、雙葉、白百合といったお嬢様女子校との併願も多い。

先ほどの跡見の女性と同世代で、この東洋英和出身の女性（四十歳前後）は言う。

「アッパー志向の母親があこがれて、私を東洋英和に入れました。あの学校はひと言でいえば、女、女、女していてスノッブな雰囲気で、私には合わなかったですよ」

今回、取材したなかで「女子校が楽しくなかった」と答えたのは八人。そのうちの一人がこの彼女である。もっともつらかったことは何かと聞くと、こう答えた。

「クラスでの美人コンテストです」

学期ごとにあるホームルームのお楽しみ会で、「だれが美人か」という投票をして、学級委員が上位一〇名の名前を呼び上げていく。呼ばれた人は立ち上がって、みんなにお辞儀をして挨拶する。

この話を聞いて思い出すのが、黒岩比佐子『明治のお嬢さま』(角川学芸出版)という本の帯である。

「〝良妻賢母〟より〝容姿端麗〟ゴールは結婚。」

明治時代の初期、「美人」という表現は、芸者などの玄人女性を値踏みするのに使うものであった。たとえば、NHK朝の連続ドラマ『カーネーション』のなかで、若い芸子(芸者)がヒロインに対して、「あなたにはわからないと思うけれど、私たち芸子はどんなに芸を磨いても容姿だけで価値を決められてしまうのよ」と言うセリフがある。

つまり、容姿で価値が決められるのは、芸者のような「玄人女性」の悲しみということである。

ところが『明治のお嬢さま』で黒岩は、女性を容姿で値踏みするこの「美人」という価値観が、素人女性にも向けられていく時代の変化を描いている。

いまでも女性を容姿で値踏みするのは、あまり上品な行為ではないように思えるだろう。だが、実家カーストとのつりあいで決まる結婚ではなく、玉の輿をねらうなら、飛び道具が必要となる。それが美貌だったのだ。

近代化のなかで、結婚が〝家と家〟のものから〝個人と個人〟のものになっていき、恋愛結婚が普及すると、素人女性も美貌があれば、実家カーストを打ち破っていい条件で結婚できるようになっていく。この流れは現在までも続いているが、八〇年代はさらに可能性が大きかった。いかんせん、経済は右肩上がりだったので小金持ちの男も多く、玉の輿のチャンスも少なくなかった。

女子校出身者たちはしばしばこう話す。

「卒業アルバムの写真がお見合い写真になると聞かされました。男性がそのアルバムを見て『この子いいな』と言えば見合いにつながるから、何度でもいいので撮りなおしなさいって言われました」

かつての東洋英和のなかでは、自分たちがランクアップするツールとして「美貌」が絶対的な価値にあったのだろう。

だが、この美人コンテストは女子のみで行うので、あくまでも女子目線の美が求められた。

「男の人は親しみやすいかわいい感じの子が好きですが、東洋英和の美人コンテストで評価されるのは完璧な美貌。女優の小雪さんや鈴木京香さんみたいな長身で顔立ちの整った人たちが上位にランクしていましたね」

校則は厳しいのでパーマやカラーリング、メイクの工夫で美のレベルを上げることはできない。あくまでも「素の美しさ」で決まる階級である。努力しても上がる可能性がないカーストに傷ついた彼女は、

「反発して、必死で勉強して外部の大学をめざしました。私はブスだから勉強するしかない、と思って」

努力が実り、彼女は難関大学に合格し進学した。

「大学に入ったら、東洋英和時代はカーストの下にいた私が『かわいい』という扱いになったんです。もう驚きましたね。かわいいなんて、お世辞でも言われたことなかったから」

東洋英和は美のレベルが高すぎて、一般社会では「かわいい」女子も「ブス扱い」になったのであろうか。ＡＫＢ48のなかではさほどパッとしない女の子も、渋谷を歩けば飛び抜けてかわいいというようなものか。

念のために書くと、現在、跡見にも東洋英和にもこのようなカーストはない。跡見は伝統的なよさを残しつつ手厚い学校で、「放課後にかくれんぼとかしてましたよ。一回、見つけてもらえなくて、薄暗くなってきて困ったこともあったり」（二十代、会社員）という校風。

近年はキャリア教育や進学校化にも力を入れている。

また、東洋英和は二十代の卒業生曰《いわ》く、「典型的な進学校です。私はコアなゲーム好きなんですが、同好の仲間がいて楽しかったです。大学で聖心に行ったら気取った人が多くてカルチャーショックでした」。

現在、女子校でカーストが残っているとすれば、小学校からある女子校が中学からも募集しているケースで、今回、取材した二十代の女子校出身者のなかで唯一カーストを訴えたのは、白百合学園出身者であった。彼女は中学から白百合に入った。

「入学して早々、内部（小学校から上がってくる生徒）の子に、『あなたの家は何科なの？』と聞かれたんですよ。内部の子は医者の娘がほとんど。彼女は私の親も『当然、医者でしょう』と思って、診療科目を聞いてきたんです」

白百合は進学校なので、中学から入ってくる生徒は努力型秀才である。

「中学から白百合に来る子は桜蔭を落ちて来た子が多かったですね。入学してからは、私たちはお嬢様じゃないから勉強するしかないという気持ちだった」（二十代、白百合）

ちなみにこれは、あくまでも卒業生の話である。白百合は近年、キャリア教育に力を入れ、「ずいぶん変化した」（中学受験塾関係者）とのことだ。

多くの学校では、このような内部生と外部生のカーストもできないように学校側が対応している。

杉並にあるカトリックの進学校、光塩女子学院の卒業生たち（二十代）によると、小学六年生になると「もうすぐ中学受験して入る子たちがやってきます。彼女たちはお勉強ができて、外の世界のことをよく知っているしっかりした立派な子たちです。あなたたちも恥ずかしくないように努力しましょう」と教え込まれたという。

光塩に中学から入った女性は、「内部生が私たちを尊敬の目で見るので、プレッシャーすら感じました」と言う。学校がマイノリティたる外部生を尊敬するように指導して、カーストができないようにするのだ。

良妻賢母からキャリア育成へ付属校も進学校化

さて、一九八〇年代の女子校にも「世間の目」があり、カーストが存在した。だが、それがなぜいま、なくなっているのか。

一つには光塩女子学院の例のように、学校側の努力もある。少子化の時代に生き残るため、女子校はどこもカーストができないように尽力している。

そうした学校側の努力もあるが、女子校から世間やカーストがなくなったのは、女子校の存在意義が変わったことも大きく影響している。

旧制高等女学校の時代から、長らく女子校は「良妻賢母」を育てる機関であったが、現在、良妻賢母を打ち出している女子校は皆無と言っていい。二〇一三年現在、ほぼすべての学校が「社会で活躍できる自立した女性を育てること」を目標としており、つまりキャリア志向なのである。

前述したが、女子校を取り上げたある企画のなかで、良妻賢母型女子校と分類された伝統校の教諭が「うちは自立した社会人を育てる学校なのに」と怒ったという話もある。

つまり、傍目《はため》から見ると「お金持ちの子女が多く、のんびりしたお嬢様校」も「良妻賢母教育をしている伝統的な女子校」も、学校側の意識は「社会で活躍できる女性を育てる」キャリア養成機関なのだ。

では、女子校の目的がなぜ良妻賢母からキャリア志向に変化したかといえば、社会や男性が求める女性像が変わったからである。

八〇年代、一般庶民の女子の王道は、短大から大手企業に一般職で就職、そして結婚して寿退社をすることであった。大手企業は女子社員を「男性社員の嫁候補」として採用したので、能力よりも身元や従順さが重視された。〝職場の華〟的な若い女性がいれば男は頑張るからである。このころはまだ日本は右肩上がりの経済成長をしていたので、男性が頑張れば利益が出た。

そういう時代、名門短大は偏差値も高かった。一九八四年九月号の『進学ガイド』（東京ニュース通信社）では、女子短大の人気上昇ぶりを取り上げている。

短大は4年制大学に比べて学校数が多いが、バツグンに就職率がいいので、志願者は年々増加している。

短大の上位校は昔から「アオタン・トンタン・ガクタン」といわれ、青山学院・東京女子・学習院の3校であった。いまは上智がトップに急上昇し、立教女学院もかなり肉薄してきた。（中略）同じ大学の4年制に受かって短大に落ちたという例も珍しくない。

このほかにも、赤坂にある山脇学園短期大学は「アカタン」と言われてやはり人気であった。記事中にあるように短大の難関度（偏差値）も高かった。

ところが一九九〇年代に、まず企業側が求める女性の資質が大きく変化する。

一九九一年のバブル崩壊後は、企業も余裕がなくなって、職場に華を飾っている場合ではなくなり、女子社員は男を頑張らせるツールではなくなった。女子にも男性同様に働ける能力を求めるようになる。

すると、女子採用枠も男性同様に四年制卒が中心となっていく。そのため、九〇年代後半には、女子の就職は短大卒よりも四年生卒が有利になっていった。結果、短大の価値も落ち、名門・山脇学園短大や跡見学園短大も閉学、学習院女子短大は四年制女子大となった。

現在、就職には学歴よりも違うものが求められるというが、あくまでも一定の学力があることが前提であり、学歴が高いに越したことはない。応募が殺到する企業では全部のエントリーシートをチェックできないので、大学で足切りすることもまだ行われている。

ごく一部の上流層――たとえば、実家に莫大な資産があって、それを受け継いで、婿をもらって跡継ぎを産むのが役割という女性以外は、学力を磨き、大学を出て正社員や専門職として就職することをめざすようになる。男子となんら変わらないのだ。

そうなると、世間の目を気にしてできていく実家カーストや美貌カーストはなくなっていく。実家カーストは「それって本人の能力とは関係ないでしょ」と消滅していく。美人カーストは「玉の輿よりも自己実現」という女子の願望の変化により消え去っている。

結果、一九八〇年代に存在した世間や「女子校カースト」はなくなってしまったのだ。

女子校はとにかく忙しい

特徴的なのは、女子校のなかでも偏差値が高い学校ほど世間がなくなっていくことだ。

ある中学受験産業の関係者は言う。

「横浜のフェリスはじゃっかん世間がある学校で、容姿でのカーストがゆるくあります。これに対して麴町の女子学院は世間がまったくないのでオタクを受け入れる校風です。桜蔭になると世間どころではない」

桜蔭は一学年二五〇人中、五〇人以上が東大に進学する。タレントの菊川怜は桜蔭の出身だが、彼女の同級生は九〇人前後が東大に進学したという。現在、桜蔭は理系の生徒が半数を超えている。

中学受験の段階で大学受験相当の学力を必要とする超難関校だ。

大手受験塾の講師が言う。

「桜蔭の国語の問題は全国の中学のなかでいちばん難しいと思います。論理的な思考力を問われるので、桜蔭に行く子はもう女子じゃないって感じすらします」

桜蔭に進学する子は「将来は医者になる」「研究者になる」と具体的な目標をもっている。

桜蔭の文化祭で、中学生が将来の目標とする職業をアンケート調査し発表していた。各学年一位は医者、次に教師と続く。三年生になると三位に薬剤師が入ってくる。「国公立の医学部に行くのは無理だから、薬学部に希望を変えた」のだろうか。

「医者になりたい」「研究者になる」と、具体的な将来目標をもっている彼女たちは忙しい。少しでもよそ見をすると置いていかれてしまう。

桜蔭の教育理念は「よき社会人であれ」である。桜の蔭という名前のとおり、華やかに咲く花の蔭で堅実に生きる社会人を養成する学校だ。

桜蔭出身者は実際、社会で活躍する人が多い。有名どころでいうと、元内閣府特命担当大臣で政治学者の猪口邦子、ベストセラー『それでも、日本人は「戦争」を選んだ』（朝日出版社）の著者で東京大学大学院人文社会系研究科教授の加藤陽子、難民の人権保護活動などでも知られる弁護士の土井香苗などがいる。

ちなみに、タレントの菊川怜と同じ学年で成績一位と二位の生徒は、東大法学部三年在籍中にともに司法試験に合格し、一人は裁判官になり、もう一人は弁護士になって四大法律事務所の一つに入った。

ある桜蔭の卒業生が言う。

「友だちの結婚式に行ったら、同じテーブルにいた同級生が検察官、判事、弁護士という面々でした。みんな結婚して子どももいるんです。キャリアも女性としての幸せも全部もっているんですよ」

そのような、よき社会人になるためには、受験勉強だけしていればいいわけではない。

桜蔭から東大に進んだ女性（三十代、会社員）は言う。

「桜蔭に入学する子は運動がダメなんです。私はその典型例でした。親に『社会人として活躍するためには体力も大切。身体を鍛えなさい。運動系の部活に入りなさい』と言われて、ダンス部に入りました。みんな運動が苦手だから、一年生のときはぜんぜん踊れないんですよ。少しずつ進歩する感じで、楽しかったですよ」

どの女子校でもダンス部は人気があるが、それは桜蔭でも変わらない。

練習はそれなりにキツかった。

「朝は早めに登校して朝練。お昼休みもお弁当を食べたあとに練習して、もちろん放課後も五時くらいまで練習しました」

練習が終わって学校を出るのが五時過ぎ。それから塾や予備校に行く。通学の時間もあるし、彼女たちは自宅でも人一倍勉強をする。サラリーマン顔負けの忙しさだ。

桜蔭、女子学院、雙葉のいわゆる「女子校御三家」を追い抜く勢いの進学校、豊島岡は「サバサバした子が多い」と言われるが、豊島岡は学校自体が「進学校」から「難関校」に移行しようとしている段階なので、受験対策以外のカリキュラムが入ってくる。

東大で博士号を取ったある若い研究者は、豊島岡に教師として採用された。自由に授業をやる機会をもたせてもらっているという。「国語とは何か」といった学問的な内容を教えている。このような授業を通して、生徒たちは学問のおもしろさを知っていく。

洗足では論理的な思考力を鍛えるためにディベートの授業を採り入れ、鷗友では社会のテストで、国際情勢に関する新聞記事などが資料として提示され、「この国際問題をどう解決すればいいか」といったことが問われたりもする。

このような高い偏差値の学校に対して、「中堅校以下はお互いを監視する目ができやすいので、それをいかになくすかが学校の役割」（中学受験産業関係者）という。

だが、現実的には中堅校でも生徒たちは大学受験をめざしているので、忙しいことには変わりない。

女子校の目的が「良妻賢母を育てる機関」だったころには、「大学受験で失敗すると経歴に傷がつく。だから中学受験で大学の付属に入れよう。女の子に苦労はさせたくない」と考えたが、社会で活躍する人間を育てるためには、それはそぐわない。

現在、親はあえて娘を大学受験させたがる。吉祥女子の萩原茂広報室長は言う。

「受験生の保護者の方は、わが校に『付属校じゃないから子どもを入れたい』とおっしゃいます。厳しい社会で生き抜いていくためには、まず大学受験ぐらい自分の力でクリアできなければ、と考えられるんです」(『Ｖｏｉｃｅ』二〇一三年四月号)

このような親のニーズに応えて、大学の付属校でも外部の大学受験のサポートをするカリキュラムになってきている。

大妻女子大学の付属校、大妻中学高等学校(千代田区)は早くから進学校化に取り組んだために偏差値は落ちていない。

一方、進学校化が遅れている聖心女子大学の付属校、聖心女子学院(港区)は偏差値が凋落《ちょうらく》しており、中等科入試を廃止することを発表した。ちなみに二〇一二年、大妻から大妻女子大学への進学者は数パーセントだ。一方、聖心女子学院からは約半数が聖心女子大学に進学している。

「聖心の中等科は偏差値が40台、聖心女子大学は偏差値が50台。つまり、中学から入るとラクに聖心女子大学に入れるので『お得なエスカレーター』中学なんです。でも、いまはラクして大学に入っても意味がないのです」（中学受験塾講師）

大妻や聖心と同じように、かつて「良妻賢母養成校」「お嬢様付属校」として人気があった山脇学園も、系列の山脇学園短大（一九八〇年代は名門短大として人気があった）がなくなったことで背水の陣と言われていたが、「山脇ルネサンス」と学校改革を銘打ち、理系に力を入れ、手厚く大学受験をサポートすることを打ち出して入学志願者を増やした。

このように「進学校化」が生き残りのカギとなっている現在、ほとんどの学校が、高校の教科書の内容は高校一年生か二年生で終わらせ、それ以降は受験対策に充《あ》てている。塾に通わずとも大学受験に備えられるだけのカリキュラムになっているのだ。

付属校以外の女子校も、むろん、ほとんどの学校が進学校のカリキュラムになっている。端的にいえば、いま「お嬢様なんだから、あくせく勉強しなくてもいいのよ」なんて学校は存在しないのだ。

日能研の偏差値で40前後の中堅女子校の現役生は言う。もともとは「質実剛健」「良妻賢母」を提唱してきた学校である。

「宿題や小テストが多く、勉強はたいへんです。指定校推薦をとることは奨励されてなくて、一般入試で結果を出すことが求められています。成績順にクラスが分かれていますが、いちばん上のクラスの子たちのプレッシャーはすごくて、テスト前に精神的に不安定になって叫び出す子もいたり」

つまり、偏差値が69の桜蔭の生徒も、偏差値40前後の中堅校の生徒も、同じように「勉強して大学受験をクリアして、社会人として通用する人間にならなくては」という重圧のなかで生きているのだ。

そうなると中堅校だろうと、難関校だろうと、勉強や部活、趣味（オタク活動とも言い換えられる）に忙しくて、世間の目を気にする余裕などないのである。

「保護者は、ブランドイメージや偏差値よりも学校がどれだけのサービスをしてくれるかを重視するようになってきました。コストパフォーマンスを考えますね。塾に行かせないで大学受験対策をしてくれるのか。万が一、娘が落ちこぼれたときにきちんと対応してくれるかどうか。ものすごく細かく質問していらっしゃいますね」（中堅校関係者）

宝塚同好会が〝部〟に昇格（浦和明の星）

このように世間の目がなく、カーストもない閉ざされた女子だけの空間では、みな何をしているのか。

端的にいうと、好き放題をやるようになる。

共学校でホモ漫画を堂々と読んでいたら白い目で見られるだろう。だが、女子校では放置される。

この世間のなさはどんどん進んでいるので、若い世代ほど「オタクがクラスの最大勢力」になっていく。

横浜雙葉でギャルグループに属していた二十代の女性は、やや悔しそうに言う。

「ギャルの子たちは男をめぐって分裂したりするけど、オタクはそれがないでしょう。あと、うちは校則が厳しくて、スカートを短くしたら、家庭科室に連れていかれて『直しなさい』と言われた子もいます。そのなかで、オタクは校則どおりの長めのスカート丈で闊歩《かっぽ》するから、先生たちのウケもいい。強いですよ」

二十代半ばの鷗友出身者は、「少なくても私の学年は半分がオタクでした」と言い、二十代後半の大妻（千代田）出身者は「ギャルが一割、ヴィジュアル系が二割、ふつうの子が三割、地味な子が一割、あと三割はオタク」。やはりオタクが大多数いる。

進学校に通う現役生が言う。

「小学校のころはオタクに軽い偏見がありましたが、中学に入ったら、ぜんぜんなくなりました」

共学の場合はその偏見からスクールカーストが形成され、オタクは影を潜めていくが、女子校だと「オタクもべつにいてもいいいじゃん」と受け入れられていくようになる。

「腐女子」を自称する女性は言う。彼女は千葉から四ツ谷の雙葉に通っていた。

「千葉は県立高校が強いので中学受験が盛んではないです。私も中学受験はめんどくさい、勉強したくない、と思ったんですが、母親に『女子校に行けば漫画が好きなお友だちがいっぱいいるわよ。オタクでもいじめられないわ』とそそのかされたんです。それで無駄に勉強を頑張ってしまい、第一志望に受かってしまいました」

また、吉祥女子の卒業生は言う。

「芸術コースがあった名残《なごり》か個性的な生徒が多いんです。小学校で『きみは個性的だから吉祥女子に行きなさい』と言われた子もいました」

吉祥女子のパンフレットに掲載されている社会で活躍する卒業生の一人である新聞記者、見市紀世子氏は、吉祥女子での思い出として「映画研究クラブで6年間、映画とアニメに浸りました。同級生とは人生の半分以上のつきあいに。泣いたり笑ったり、今でも大切な仲間です」とオタクな青春を語っている。

そして、豊島岡女子の卒業生（二十代、会社員）は言う。

「演劇部はオタクの巣窟《そうくつ》で、当時流行っていた『テニスの王子様』を上演していました。女の子が男の子キャラクターを演じて『ドヤ顔』なわけですが、観ているほうはいまいち理解できずに困惑するという（笑）」

演劇部やミュージカル部などの文化系の部活が微妙に勢力をもつのが、女子校の習性なのだろうか。光塩女子学院や桜蔭でも演劇部には勢いがあったという。

さらに、浦和明の星では二〇〇〇年前後に「宝塚同好会」が「宝塚部」に昇格するという事件があった。当時を知る卒業生は言う。

「同好会には三人ぐらいしか人がいなかったんですけど、当時、本家宝塚で『エリザベート』が上演されて、宝塚に興味をもつ人が増えたんです」

当時、「グリー部」（ミュージカル部）に所属していた大久保さん（仮名）という生徒がいた。

「グリー部」では二年生の秋をもって引退となる。しかし、まだ舞台に立ちたいと思った彼女とその仲間は宝塚同好会に入る。こちらは人が少ないので、三年生でも舞台に立てるからだ。

次の年の春の新入生歓迎会で大久保さんが男装して踊ると、講堂が沸き上がったという。

「だれ⁉　あのカッコいい人」

大久保さんは一六〇センチ強の身長と特別、長身ではないし、本人も「美人ではない」と言うが、歌や踊りにマニッシュな華やぎがあった。

「当時はデジカメが普及してなくて、みんな使い捨てカメラで撮影していた時代でした。私は宝塚の追っかけだったので一眼レフカメラをもっていたんです。望遠レンズつきの。それで大久保さんを撮影して写真を売っていました」

大久保さんの人気は高まり、「宝塚に興味がないのに、大久保さんのそばにいたいという理由で宝塚同好会に入ってきた子もいましたね」という状態になっていった。

結果「宝塚同好会」は人数が増えたので、「同好会」から「宝塚部」に昇格となったのだ。

浦和明の星は埼玉にあるので、帰り道に遊びにいく場所がない。だが、自分たちで積極的に行動して学園生活を楽しんでいたようだ。

別の浦和明の星の卒業生が言う。別のルートで出会ったが、先の大久保さんと同じ学年である。

「女子校や男子校の人は何が好きか、での差別がないですよね」

反対にいえば「何が好きか」で差別される世界があるのだろうか。

「世間一般はそうなんじゃないですか」と二十代の東京女学館の卒業生がため息をつく。

「大学時代にバイト先の仲間でご飯を食べにいったんです。そのとき、お店にあった雑誌の表紙が和央ようかさんだったんです。私が横にいた宝塚ファンのデンフタ（田園調布雙葉）出身者に『この人って人気あるんでしょ』ってふったら、その子が宝塚や和央ようかの話をマシンガントークし出したんですよ。私がふんふんと聞いていたんで彼女は調子に乗って、さらにしゃべっちゃったんですが、ふと気づくと、ほかの人たちとのあいだに微妙な空気が流れていましたね。ああ、世間一般では宝塚が好きって言っちゃダメなんだな、と思いました」

何が好きかでカーストが決まる世界があるのだ。

韓流ファンの女性会社員たちがよくグチるのは、韓流スターが好きだと言うと、同僚の男性や夫、彼氏から「趣味が悪い」と嫌味を言われ、ハリウッドスターが好きだと何も言われないというものだ。

「最初は同じアジア人だと『俺のほうがいいだろ』的な嫉妬《しっと》なのかな、と思っていたんです。でもそうじゃなくて、韓流は中高年の主婦が好きなものでダサいってイメージなんでしょうね。一方、ハリウッドドラマは洗練されていて、働く女性が好きというのにふさわしいものって感じなんでしょう。彼らのなかには主婦を見下す感覚があるんです」（三十代、頌栄）

このような「何が好きかカースト」もないため、女子校の生徒は自分の趣味に没頭しやすい。

「世間」がまったくない女子学院

加えて女子校では、「ねえ、サッカー部の荒木くん、カッコいいよね。だれとつきあっているの」なんて会話はできない。「恋バナ」でコミュニケーションがとれない。

そのため、趣味の話をするしかないのだ。

日本でもっとも世間がないと言われる女子学院では、生徒は自由にオタク化していく。

女子学院出身の二十代女性の入学した直後の悩みは、席の四方、つまり前、横、後ろがジャニオタだったことだ。男性アイドルに興味がないので話についていけない。しかもみな頭の回転がいいので、超早口でマニアックな話をまくし立てる。きゃあきゃあと楽しそうにしているので気後れしたという。

「最初って、席を移動せずにお昼を食べるじゃないですか。お昼休みはもうジャニオタどうしの会話に怯《おび》えていました。みんな無駄に頭がいいからマニアックなんですよ。ドラマで亀梨が自転車から降りるシーンの身体のひねり具合の分析とかね」

しかし、女子校経験値を上げるうちに「興味がない話を楽しく聞く」という技を覚えた。ジャニーズの知識がなくても相手のマニアックな話を聞くためには、相手のタレントへの思い入れを楽しむのだ。知らないタレントの名前を出されたら「それってだれ？」と聞く。相手は嬉々として説明し、そのタレントへの愛を語り出す。女子校の女子の男性アイドルへの思い入れは「本気」なので、聞いていておもしろく退屈はしない。

アナウンサーの膳場貴子が二〇〇七年に、「筋肉少女帯の追っかけ！」と週刊誌に大きく書かれたことがあった。男性週刊誌的には、「東大出身の美人アナウンサーの恥ずかしい過去！」とスクープ扱いだったが、本人はラジオで「高校時代はロックバンドの追っかけをしてたんですー」と楽しげに話していて恥ずかしいとは思っていない。

女子校の生徒が男子校生と合コンし、恋愛ごっこをすれば、勉強どころじゃなくなる危険性がある。ゆえに、節度をもって楽しめる追っかけに走るのは、女子校型秀才にありがちな行動といえよう。

同じく二十代の女子学院の卒業生は言う。

「友人はジャニーズJr.のKが好きでした。大学に入ってからも就職してからも、彼を応援するために働いています」

このKというのは熱狂的なファンをもつことで有名なジャニーズJr.のメンバーである。彼は雑誌にもテレビにもまず登場しない。「いったいどこで彼を見初《みそ》めたのでしょう」と友人すら首を傾げる。メディアに出ない彼と会うためには、舞台を観にいかないとならない。そのため、滝沢秀明のコンサートで、最前列はKのファンが買い占めるという都市伝説もある。彼女たちは平気で一〇万円も出す。最前列で彼の名前が入ったウチワをもつ。それがアイドルを応援するということなのだ。

前出の女子学院出身が言う。

「男性の先輩に『女子校出身なら女友だち多いんだろ。俺いま、彼女いないんだよ。だれか紹介してよ』と頼まれることがあります。でも、紹介できるような友だちがいない。ろくな女がいない。みんな変態なんですよ。一流大学出て、オシャレして、一流企業でバリバリ働いていてもどこか変態」

具体的に、どんなところが変態なのだろうか。ほかの女子校出身者にも聞いてみた。

東洋英和出身の二十代会社員が言う。

「ジャニオタは全国どこにでもいるかもしれない。でも、共学の子たちと女子校の子たちでは、なんというかアプローチが違うんですよ」

どう違うのか。

「担当（自分が好きなジャニーズタレント）がスキャンダルを起こすと、女子校出身者は泣くんですよ。慶應とか出てて、名前の通った会社で総合職や専門職で働くような子が目から大きな涙を流す。私は見慣れているので平気ですが、一般的に見れば気持ち悪いですよね」

もう一つ彼女が指摘するのは、「女子校のジャニオタは同人誌をつくりすぎる」ことだ。現在はネットというツールが広がっているので、自分の妄想を書き連ねるローティーンのファンも多いが、「それをわざわざ印刷屋さんに発注しちゃうのがすごいですよね」とあきれた表情をした。

女子校では神奈川トップの難関校であるフェリス女学院では、二〇〇〇年代に男性タレントをモデルにした小説を書いて、「ネット通販だけで一五〇冊売るすごいやつがいた」のだという。

「フェリスは入試の段階で長文を書かせる問題が出るので、文章を書くのが好きな子も多いんです。そのなかでも、彼女は特別にうまかった。彼女は何か好きなものができると、徹底的にリサーチして情報とともに布教するんですよ。それが学年で広まってしまう。うちの学年でいちばん影響力をもっていたやつかも。学年のオタクコミュニティのなかでは力をもちすぎていたので、反発するオタクもいましたが、そこから抗争になることはなかったですね」

オタクどうしもお互いに干渉しない雰囲気だったようだ。ちなみに、この権力者はその後、東大に入ったという。

このように「ジャニーズ」というメジャーなコンテンツに関しても、アプローチがマニアックだと感じられる。

先の東洋英和出身者が言う。

「ジャニオタの友人が『彼氏がほしい。合コンをやってくれ』と言ってきたんです。べつにジャニオタでもいいんだけど、年間何十万円もジャニーズに注ぎ込む女を男性に紹介していいのかと悩みます。女性だって彼氏がＡＫＢ48のファンなのはいいけど、総選挙のために二〇万円も注ぎ込むとなるとイヤでしょう」

金銭感覚の面だけではない。

「親友がジャニオタ」という女性（中堅女子校）が言う。

「カフェでお茶していて、出されたコーヒーカップを見て私が『これ、かわいいね』と言うと、ジャニオタの友人は『先週のドラマで藤ヶ谷太輔（Ｋｉｓ－Ｍｙ－Ｆｔ２）が使っていたのと似ているよね』と超早口で返してくる。やつらはすべての話をジャニーズと関連づけていく。あんな感じで彼氏をつくれるんでしょうか」

世間知らずという女子校病への処方箋

「女子校を取材している」と言えば、「女子校ならではの病んだ部分をあぶりだしてください」とリクエストされることがしばしばあった。しかし、取材の結果わかったのは、「女子校の病んだ部分」というのは、女どうしの確執や嫉妬、いじめ、魑魅魍魎《ちみもうりよう》とした人間関係ではなく、「世間のなさ」なのだ。

大半の人が育つ共学カルチャーでは、オタクは迫害されるのに、女子校では「マジョリティ」となって大きな顔をして行動する。白昼堂々とホモ漫画を読むだけではなく、描いて、それをクラスじゅうにまわしても「ＫＹ」と批判されない。興味がない人間はスルーして、次の人間にまわしていくだけで、だれも「こんなものをまわして空気読めないやつ！」と批判しない。

このような環境だと、他人の目を気にせず自由に行動できるが、「空気が読めない子」になっていくのも事実である。

今回、取材した女性の多くが「女子校は楽しかった」と語り、「楽園のようだった」「いまでもあのころに戻りたくてたまらなくなる」と語る。だが、それと同時に、「でも、共学に行けばよかった。そうしたら、もっと空気が読めるようになっていたはず」とも嘆く。

ここで女子校教育の矛盾が出てくる。

女子校の目的は「自立した社会人」であるが、彼女たちは「自分の価値観で行動しなさい」「目的をもちなさい」と「自主自律」を教育された結果、「世間知らず」になり、空気が読めない人間に成長し、社会で生きづらくなる。

この事実を踏まえて考えると、いま女子校が敬遠される真の理由は、「世間知らずになるから」なのかもしれない。

では、この問題点をどうしていけばいいのか。

『進学レーダー』編集長の井上氏が言う。

「大学に入ってから、もしくは女子校に在学中から、より多くの人と接することが重要ですね」

現在はネットの普及もあり、職業、学校、年齢、性別を越えたつながりが増えている。

今回、取材で会った女子校出身者たちの話によると、在学中の校外の交友範囲は「塾で知り合ったほかの女子校の友人」「合コンや紹介で知り合った男子校の生徒」が主であったが、今後は意識的に趣味やボランティアなどで共学に通う学生や社会人などと幅広く交流して、社会性をつくりあげていくことが求められているのかもしれない。

次章では「世間知らず」の女子校出身者が卒業後、どのようにして異性や社会とつきあっていくのかを見てみよう。まずは異性との関係からである。

Column

それでもいじめが起きるとき

ある受験塾の関係者がこう言った。

「偏差値が高い学校の子たちは勉強や部活、趣味で忙しいので、サバサバしていて、他人に興味がない。一方、中堅校ではお互いを監視する目が発生しやすいので、学校がそれをいかに抑えていくか。ちゃんとケアしている中堅校には生徒が来ます」

これは定説となっていて、ゆえに、中堅校ではいじめ対策が徹底している学校がほとんどである。

中堅女子校の教諭が言う。

「女子校出身の教員が多いです。女子校出身者は女子校の独特の空気を読めるので、いじめの芽を摘んでいくことができます」

いじめに発展する前の〝いざこざ〟の段階で、双方を呼んで事情を聞いて、ときには教諭立ち会いのもとで話し合いをさせる。

また、豊島区の十文字学園は教室に大きな窓を設置している。開放感がある教室はいじめが起きにくいという配慮だとも言われている。

今回、取材したなかで、いじめやカーストに関して厄介《やっかい》だったのは、ある進学校である。

この進学校の二十代半ばの卒業生が「他人に関心がない子ばっかで、カーストもなかったです。オタクが多くて『日曜日に渋谷で遊んだ』っていっても、ファッションビルじゃなくてオタクショップの〝まんだらけ〟とか（笑）。いじめもうちの学年はまったくなかったですね。でも、一つ下の学年はいじめが激しいと聞きました」と話してくれた。

そこで、一つ下の学年の卒業生を探し出すと、そこには同じ学校でもまったく違う光景が広がっていた。

「スクールカーストがしっかりあって、運動系のクラブの気の強い子たちが上に君臨していました。そのグループから抜けた子が出ると、『あの子は落ちたね』って後ろ指をさされていました。オタクだとバレるといじめられるので、オタクの子も趣味を隠してましたね。いじめは頻繁《ひんぱん》で、警察が来たこともありました。カーストの高いグループから追い出された子の持ち物がなくなって、捨てられていた事件があったんです。あと、ネットで悪口を書かれて困っている子もいたんですが、それを先生に相談しても、『書かれるあなたが悪いんじゃないの』と言われたとか」

この学校の文化祭に行くと、そこでも、目立つ美少女に対して、ほかの生徒が意地悪な口調で「かわいいよね」と言っていて、いじめの気配があった。

また、ほかのカトリック系の進学校出身者（三十代）もこう話す。

「入学当初、ちょっといじめがあったんです。ギャルたちがおとなしい子をからかうみたいなことがありました。半年もしないうちに収まったからいいけれど、学校側は何も対処してくれなかったですね」

女子校かつ進学校ではカーストやいじめが起きにくいので、学校側がいじめ対策のノウハウをもっていない。ゆえに、何かバランスが崩れていじめが起きたときに対応できないことが多々あるのだ。

だが、進学率が高い難関校や進学校でもいじめの原因になるカーストができない配慮をしている学校もある。

雙葉の二十代卒業生が言う。

「雙葉では『バラはバラらしく、スミレはスミレらしく』と、何度も言われました。他人と比較をするなということを教えられました」

いかにも雙葉らしい優美な教えであるが、このように「自分は自分。他人は他人」と教育していく難関校・進学校もある。このような細かい配慮や教育方針にまで目を配っての学校選びが大切なのかもしれない。

第3章

男の気持ちがわからない

光塩女子学院中等科・高等科

かわいくないと女子大では不利になる

「女子校出身の子って、中学や高校時代に顔で差別された経験がないでしょう。男の人って露骨にかわいい子とそうでない子で態度を変えるので、そういう顔面至上主義を経験せずに社会に出て大丈夫なのかな、って心配です」

と、鋭い一重瞼《ひとえまぶた》をさらに細めて言うのは、首都圏の県立高校出身の女性（二十代、会社員）。現在は教育産業で営業をやっている。膝より少し短めのスーツもいやらしくならない。顧客となる保護者たちに好まれそうな女性だ。

「通っていた公立中学の女子では、三年生のサッカー部員と交際するのがステイタスでした。うちのクラスでいちばんかわいい子がつきあいだしたときは、『とうとう、うちからも』と大騒ぎでしたよ」

成人したら「かわいい」は努力で手に入る。ダイエットし、ヘアメイクを工夫して、プチ整形すればかわいくなれる。だが、中学生は髪も染められないし、メイクもできない。「素の美しさ」で格差が出る。努力や本人の意思は意味がない。

彼女にとって、中学校の段階で自分の「女としての価値」を理解したことは、ハングリー精神につながった。

「かわいくないから勉強するしかない」と彼女は勉強にいそしみ、地元でトップの進学校に入学した。

だが、そこにもカーストは存在した。

「残酷なことに、進学校にもかわいい子がいるんですよ。しかも、私より成績がよくて、美人で、社交力が高い〝ザ・強者〟みたいな子が。もちろん、そういう子はカーストの上にいて、つねに私たちを見下すわけです。女子バスケ部がいちばん上なんですが、バスケ部は身長が高いスタイルのいい子が集まるので、中肉中背の女子だと基本は入れません。私は中学でバスケ部だったからやりたかったんですけどね」

彼女はソフトボール部で、「バスケ部より下だけど、地味な子が集まる卓球部より上」にいて、社交性が高く明るい性格だったので、男女を問わず友だちは多かった。決して下のカーストにいたわけではない。

「同じカーストのなかでも、かわいい子とそうじゃない子の格差があるんですよ。かわいい子は彼氏がいて性欲も満たされているわけです。高校時代って、いちばん性欲が強い時期ですからね。ほんとうにうらやましかった」と切なそうな表情をする。

高校で彼氏ができなかった彼女は、さらに頑張って勉強し、東京の大学をめざした。

進路相談の席で彼女が志望校を「早稲田、明治、法政」と伝えると、担任教師はこうアドバイスしてきた。

「早稲田に入れないなら女子大に行ったほうがいい。東京女子大、日本女子大なら社会系の学科もあるし、いいんじゃないか。女子大は面倒見がいいし、就職もいい」

だが、彼女は「女子大は合わないので嫌です」と首を横に振った。

なぜ、女子大は合わないと思ったのか。

「女子大で彼氏をつくろうとしたら、インカレか合コンになりますよね。いっしょにいる時間が短いから、瞬間的に相手を惹《ひ》きつけないとダメなんですよ。ひと目ぼれに近いかたちですよ。ひと目ぼれって、相手の見た目が自分の好きなタイプってことでしょう。ひと目ぼれされるためには容姿がかわいい必要があります。実際、合コンのあとに男子から連絡をもらえるのは、かわいい子だけなんです。つまり、かわいくない場合は、長時間、男子といっしょにいて好意を育てていかないとダメなんですよ」

男性が女性にひと目ぼれして恋に落ちる割合は日本ではとても高く、一方、アメリカでは少ないと言われる。彼女がひと目ぼれに関して、こんなデータを教えてくれた。

マッチ・ドットコムジャパン株式会社が二〇一二年八月に公開した、六カ国の独身男女三〇〇〇名に対して行った恋愛調査によると、「あなたはひと目ぼれを信じますか？」という質問に対して、「はい」と答えた割合は、トップが日本の八二パーセント。ついでフランス、カナダ、オーストラリア、アメリカ、イギリスと続く。

「日本の男性は女性を選ぶときに外見を重視して、人間性は見ないことが多いでしょ。アメリカの男性は女性の中身を見て選ぶから、学校や職場で長くいっしょにいて人間性がわかる相手と恋に落ちていく。ハリウッドのドラマを観ていても、医療現場でずっとくっついたり離れたりしていますよね。それがいいか悪いかは別として、男女の関係は対等です。一方、日本はまだまだ男性は女性を対等に見ようとはしないでしょう。東京大学ではいまだに、東大の女子学生が入れるテニスサークルが一つしかないんですよ。お茶大や東京女子大の子が入れるテニスサークルはいっぱいあるのに、です」

そうした日本人男性の習性を知り尽くした彼女は、大学は少しでも自分の恋愛に有利な条件を求め、バンカラで男子が多い大学を選んだ。

「男子が七、女子が三くらいの割合で、みんなでワイワイと仲よくやっているうちに距離感が狭まっていく。それをねらうしかないと思ったんです」

作戦は粛々と進められ、バンカラなマンモス共学私大の法学部に入学し、学内の学生しか入れないサークルに入部。彼女はサークルで仲よくなった男性と交際を始めた。彼女のほうからつきあおうと伝え、肉体関係をもったのはそれから半年後だという。

彼のどこを好きになったのかと聞けば、こう答える。

「いちばん仲がいい人だったからです」

彼女自身も男性を自分と対等なものと考え、自分に近しい存在を好きになっていくのだ。

このような共学育ちの女子に対して、女子校出身者はどう思うのかを次に聞いてみた。

男子校出身者と女子校育ち

神奈川県は高校入試が「神奈川方式」という複雑なものだったため、高校入試を避けようと子どもを中学受験させる保護者が多く、中学受験が盛んな県である。そのためか、いままで女子校文化が花開いている。

神奈川の女子校御三家は、フェリス、横浜雙葉、横浜共立学園。その一角、横浜共立出身の女性と会った。

「従姉妹がフェリスだったんです。校風はいいけれど、放任主義なので受験のサポートをしてくれないと、伯母はずっと愚痴《ぐち》っていました。横浜雙葉は小学校から上がってくる子たちとなじめるか不安でした。サラリーマン家庭の子からすると、小学校から私立に通う子たちとは人種が違う感じがしたので」

色気のある顔立ちの女性だが、髪型はそっけないボブカットでカラーリングもしていない。自分の美しさに気づいていないといった風情《ふぜい》で好感がもてる一方、もったいなさも感じさせる。

「大学時代も正直、仲がよかったのは全員、女子校出身者でした。フェリス、洗足、豊島岡、雙葉、神戸女学院とかいましたね。同じ空気をかぎ分けて女子校出身どうしでつながっていくんですよ。黄色い嬌声《きようせい》があげられない。でも、おとなしいわけではなくて、声は大きい。食堂で私たちだけでしゃべっていると、みんな声が低いから女子が集まっていても色気がない感じでした」

彼女は大学三年からゼミに入り、共学出身者と交流するようになる。

「ゼミに入って共学出身の女子たちと交流するようになって、最初は彼女たちの要領のよさに反感をもちました。先生とも男子とも、あと、私たち女子とも調子を合わせる。だけど、なんていうか、腹のなかを見せないんですよね。四年生のゼミ長が提案した企画がいまいちだと私は率直に意見を言っちゃうんですが、彼女たちは三年生だけしかいない場でも、どう思うかを言わないいんですよ。いいとも悪いとも言わない。結果的に、絶対にゼミ長を敵にまわさないわけでしょう」

だがそのうち、リスペクトするようになっていった。「空気が読めるというのは、ああいうことを言うのだ。見習おう」と思うようになったそうだ。

「志だけでしたけどね。彼女たちは男子どうしの裏でのライバル意識とか、ちゃんと読むんですよ。一見、仲よさそうだけど、じつは微妙な熊本の県立進学校出身者と文京区の男子校出身者の関係とかね。私の場合は空気を読む以前に男子、とくに共学出身の男子とコミュニケーションがとれなかったですね。共学の人って世間話が上手ですよね。他愛もない会話でコミュニケーションしていく。女子校だとジャニーズや漫画、ドラマみたいな趣味の話をしていたので、世間話が苦手なんですよ。それでも女子どうしだと、『最近、和風のネイルアートやってる子が多いね』って世間話もできるけど、男性とはどう世間話をしていいのかわからないんですよ。でも、男子校出身者は勝手に三国志のうんちくとか話しているので、こちらは相槌《あいづち》を打てばいいからラクなんです。女子校時代に友だちのオタク話を聞いていたので、自分が興味ないジャンルの話も楽しく聞く技術をもっているんで。なんでそんなに彼は三国志が好きなのか？　って部分を聞いていくと、自然とコミュニケーションが成立する。わからないことがあれば遠慮なく質問すればいいんです。相手は嬉しそうに基礎から教えてくれるので（笑）」

この女性のように、女子校出身者たちは「男子校出身者とはコミュニケーションがとりやすい」としばしば言う。

宮藤官九郎脚本の『マンハッタンラブストーリー』（ＴＢＳ系二〇〇三年放送）のなかで、小泉今日子演じるタクシードライバーが、及川光博演じる振付師とデートして、相手が男子校出身と知ると、「私、女子校なの。男子校と女子校は相性がいいのよね」といった主旨のセリフを嬉しそうに口にするシーンがあった。

実際、今回取材した女子校出身者で、既婚者（婚約中含む）の六割以上が男子校出身者と結婚していた。早稲田や慶應は男子校の付属があるので、女子校出身者は大学で知り合った付属出身者と結婚する例も多い。

だが、そこにいたらないケースもしばしば見受けられる。

「男子校出身者と仲よくはなるんですが、そこから恋愛につながらないですね。きょうだいみたいになっちゃって、相手を恋愛の対象として見られなくなっちゃうんですよ。人間としては好きだけど、異性としてはちょっとみたいな」

一方、男子からの意見を聞こう。男子校である埼玉県立川越高校の出身者は言う。

「大学時代の女友だちはみんな女子校出身でしたね。なんとなく垢抜けなくて、媚びるのがヘタで、自分と同じカーストというか。共学出身のリア充男よりは、女子校出身の喪女ふうの連中のほうが自分に近しい感じで、いっしょに遊んでいてラクでしたね。たしかに仲がいいけど、色っぽい雰囲気にならないんですよ」

男性がよく言う「彼女はそういう対象じゃない」という言葉。「対象外の女性」という枠があるのだ。それは容姿や年齢よりもコミュニケーションで決まる。

「共学女子は友だちづきあいのなかで、セックスアピールをするのがうまい。すっぴんでTシャツにデニムのパンツというカジュアルな服装なのに、腕をクロスさせたりして、ものすごい色気を出す瞬間があります。意識してないんでしょうか」(二十代、豊島岡)

「共学女子が友だちの男子と、雰囲気に流されてセックスしちゃったと相談してきたことがあります。友だちとそういう雰囲気になるのが不思議でした。その男子も私の前ではそういう空気を絶対に出さない。いや、出しているのに私が読み取れないんでしょうか？　友だちから恋愛関係にもっていくテクがないのかな」（二十代、香蘭）

公立育ちは妄想すら地に足が着いている

今回、取材を続けていると、女子校出身者は、キャリア面に関しては「共学の女子に負けたくない」という意識が高いが、恋愛の話になるとみな一様に白旗を振る。彼氏がいても既婚でも美人でも、みな「恋愛弱者」の立場から話をしたがる。

先の横浜共立の女性は腕を組みなおし、こう言った。

「最近、また共学女子から学んだんですよ」

彼女は現在、求人や人材派遣の仕事をしている。求人している店舗と職を探している人を結びつける仕事だ。

「美容院を担当している同僚に感じがいい共学女子がいます。その子が『いま担当している青山のお店の副店長がカッコいいの。しかも、腕がよくて勉強家』と嬉しそうに言っていたんですよ」

たまたま彼女もその店に客として行ったことがあった。たしかにすっきりとした顔立ちの男前だったと、ほのかに記憶があった。

「その共学女子がすごいのは、カッコいいと騒ぐだけじゃなくて、ちゃんと調べるんですよ」

ネットで検索した結果、その店のオーナー会社は経営不振であること、その副店長はその店の前は有名店にいて、技術力が高いことで定評があるとわかったという。

同僚はリサーチ結果を報告すると、こう続けたらしい。

「ほら、私の実家は千葉で美容院をやっているじゃない？　彼と結婚して連れて帰ったら両親が喜ぶと思うのよ。私、結婚は地元でしたいの。東京で出産して子育てしながら働くのは難しいでしょ。子どもを産むなら親元じゃないと」

彼女は「妄想すら地に足が着いている」とその同僚に感心した。人材関係の業種は女子が働きやすいと考えて自分は入ったが、実際、やってみれば体力的にきつく、いつまで体力が続くかわからないので、白馬に乗った王子様が現れてくれないかと空想もしていた。

「将来は実家を継ごうと考えている同僚の手堅さに驚きました」

この共学女子が、今度は客としてそのお目当ての美容師のところに行くと言うので、「私もいっしょに行こうかな。彼はカットが速いから同時に行っても大丈夫でしょう」と提案してみる。共学女子の口説きのお手並みを拝見し、勉強しようと思ったのだ。

すると、同僚は「ノンノン」と手を軽く振った。「美容院は火曜日が定休日だから月曜日に一人で行く」と言うのだ。

彼女が「休みの前の日をねらうんだ」と驚いた表情をすると、同僚は楽しそうに答えた。

「閉店後に二人で飲みにいけるからですよ。そんなエッチなこと考えてませんよ！」

「これを聞いて、共学女子がなぜいい男子をかっさらっていくのかわかりました。最初、友だちになって、親密さと信頼関係を築いてから恋愛関係にもちこむんです」

この話をすると、豊島岡出身の二十代会社員がため息をつきながら言った。

「女子校出身だとがっついちゃうんですよね」

〝がっついてしまう〟というこのセリフを、女子校出身者は世代を問わず、しばしば口にする。なぜ、男にがっついてしまうのか。

学校でも職場でも長くいっしょにいてはじめて、お互いに好意が芽生えていく。だが、なかなかくっつかないのは、空気を読みすぎてお互いに手を出せない状態にあるからだ。そのまどろっこしい関係が続いても、共学女子のほうはちゃんと空気を読んで待つのだ。

恋愛の醍醐味《だいごみ》は「駆け引き」と言う人も多いが、共学女子はそれを心得ていて、一方の女子校育ちはわかっていないし、それをできるスキルもない。

そのため、女子校出身者は空気も読めず、「好き」と思う男性がいると、「今夜どうですか、とか言っちゃうんですよ」(二十代、豊島岡)。

恋愛経験豊富でも男性に免疫がない

「卒業生の恋の悩みで多いのは、『彼氏ができない』か『何人もつきあってボロボロだ』のどちらか。前者は悩みっていう感じじゃないですね。明るく『モテなくてー』とおどけてきます。一方、後者は真剣に悩んでいますね。基本的にうちの卒業生はみな奥手なので、男性関係が派手になれば傷つくと思います」

そう話すのは私立の中堅女子校を最近、定年退職した元教員。

共学出身者たちに「女子校出身の子に対しての感想は?」と聞いてみても、男女問わず、「大学時代に、タガが外れるとどこまでも、って感じになっちゃう女子校出身の子もいた。サークル内で何人もと寝まくったりして。べつにヘンな子じゃないし、ほかの女子からも嫌われてない。なんであんなになっちゃうのか」。

男にがっつく。そして、タガが外れるとどこまでも、になる。その理由を解明するために、まず、女子校生時代に彼女たちはどのように異性と接してきたのかを聞いてみよう。

中学受験産業の関係者は言う。

「女子校のモテ・非モテは、場と立地、それと制服で決まります。品川女子学院はあのオシャレな制服で品川駅を歩いていたら、それだけで目立ちます。館《やかた》（東京女学館）は白鳥の格好をして渋谷を歩いているんだから、そりゃ男は見ますわな。反対にどんな美少女がいても、山奥の学校に通っていたらモテません。晃華なんてその典型例でしょう。つつじヶ丘の山の上にありますからね」

東京女学館の制服は白を基調にした清楚な正統派セーラーで、彼女たちは「渋谷の白鳥」と呼ばれている。

それに対して、グレーの制服の晃華は「京王線のドブネズミ」と卒業生が笑いながら言う。ちなみに、紺のジャンパースカートにジャケットの制服の光塩は「中央線のアキガエル」。

「どの学校かが重要なのよね。うちの学校だと早稲田の男子には相手にされない」（光塩）

「同じクラスの子がなんちゃって制服（制服ふうの洋服）を着て男子校の文化祭に行ったら声をかけられたんだけど、学校名を言ったら『じゃあいいや』と去られたって」（三十代、吉祥女子）

では、東京女学館や頌栄女子学院といったモテ系とされる学校はどうなのだろうか。

「出身校を言うと、じゃあ、彼氏とかいたの？　なんて聞かれたり。すごく派手なイメージがあるみたい。でも、校則も厳しいし、一部の子たち以外はふつうに地味でしたよ」（三十代、東京女学館）

「うちもおんなじ。勉強がたいへんだし、規則が厳しいし。ギャルっぽい子は少なくて。私はたぶん平均的な子のグループだったと思うけれど、友だちで彼氏がいた子は皆無。女子校なんてどこもそうでしょ」（二十代、頌栄）

また、仮に彼氏がいても、恋愛や男性に免疫がない感覚は変わらない。

世田谷の進学校・鷗友に通っていたころから男子校に人脈があり、美貌ゆえに「街で男子学生から声をかけられていた」というモテ系の女性は、共学の大学を出て社会人になったいまでも「男性にがっついてしまう」ことを悩んでいる。男性との交流が十分あっても、女子校で過ごすと、男性とのコミュニケーション下手になってしまうのか。

また、桜蔭出身（三十代、自営業）は中学時代から男子校の生徒と交際していた。その彼女が桜蔭時代に学内で起きたスキャンダルを教えてくれた。

「大学院から派遣された二十代の男の先生がいたんです。理科系の科目を教えていました。その先生が巨乳の先輩と裏階段で二人で話していたんですよ」

どこがスキャンダラスなのだろうか、という疑問も湧き上がってこよう。勉強の質問をしていただけかもしれないのだから。だが、違う部分で気になることを聞いてみた。

「巨乳っていうけど、ジャンパースカートだから、わからなくないですか」

「ジャンパースカートだと余計に目立つんですよ。胸のあたりがぱつんぱつんで」

学外にボーイフレンドがいても、校内で若い男性と先輩が二人きりで話していたら大事件と感じる。たとえ交際経験があっても初心《うぶ》なのである。

横浜雙葉出身の女性は言う。

「私は高校時代に塾で知り合った聖光学院の男子とつきあっていたんです。でも、大学に入って感じたのは『彼氏がいたことない』という共学出身の女子のほうが、私より恋愛慣れしているということでした」

そして、こう続ける。

「彼氏がいても、学校の友だちとは恋愛の話なんてしませんでした。彼を学校の友だちに紹介することもなかったし。ってか、彼氏がいるって話すと『えー、すごい。どんな感じ』って根掘り葉掘り聞かれるか、あと馬鹿にされるか（笑）」

この馬鹿にされる、という感覚は何なのか。

「男女の交際なんて軽薄なものにうつつを抜かすなんて！　って批判です」と苦笑する。

この恋愛を軽蔑《けいべつ》する感覚は、若い世代の女子校出身者ほど強くなっていく。

「クラスメートが男子とメール交換していたら、『あいつ、男とメール交換してチャラいよね』って失笑していました」と話す女子学院の出身者は、社会人になったいまでも同級生と恋愛の話はしないという。

「彼氏がいても友だちに言いませんね。女子学院時代にあれだけクラスメートを揶揄《やゆ》していたのに、いまさら自分も男とつきあっているなんて、恥ずかしいじゃないですか」

彼女たちだけではなく、若い女子校出身者は卒業後も恋愛の話をする機会は少ないという。光塩で、みな在学中からボーイフレンドがいた〝派手なグループ〟に属していた二十代の女性たちも言う。

「共学女子に誘われて飲みにいくと、『最近どうなの？』って聞かれるんです。何のことかと思うと、彼氏がいるかってこと。いたら、おまえと飲んでないっつーの！」

「いやらしい子って、すぐ恋愛の話をしたがる」

数年前に私の母校、静岡雙葉に通っている生徒が、「少女漫画って読む子少ないです。恋愛がどうのって感じが苦手で」と言っていたことを思い出した。私が静岡雙葉に通っていた一九八〇年代は少女漫画全盛期だったこともあり、クラスのオタクからギャルまでみな少女漫画を読んで恋愛にあこがれをもっていたのだから大きく違っている。

男性への関心の薄さと、がっつきと

共学校においては、女子が集まれば、話題は「恋や男の子のこと」だという。そうやって育てば、無事に恋愛体質を身につけることができよう。しかし、そういう経験がない女子校出身者は恋愛体質が身につかない。

女子校出身者たちを見ていて不思議なのは、男性への関心が薄い一方で、恋愛でトラブルも起こしやすいことだ。

なぜ、このように相反する行動を起こすのか。

以前、恋愛体質を自称する著名な女性作家が「恋愛というのは交通事故みたいに起きることもある」と話してくれたが、そうだとすると、元来、恋愛に興味が薄い女子校出身者も恋に落ちることはある。そのときに事件が起きるのだ。

「共学の女子は理性で恋愛をしますよね。彼女たちにとって男性は必需品だから、ちゃんと中身を吟味して、安定した交際ができる人を選びます。しかーし！　私や女子校の友だちは男を必需品と認識してないので、そんな手堅い男選びができない。そんな感じでしたね」

そう話すのは、カトリック中高一貫進学女子校出身の三十代会社員。彼女にとって大学時代は、まさに黒歴史なのだという。

塾いらずの進学校に通っていて、「高校三年生でようやく予備校の講習に通ったぐらいでした。六年間ほとんど外部との接触がなかったんです」。

そんな彼女は勉強した甲斐があり、難関大学に合格、入学した。

「大学で合唱のサークルに入ったんです。指揮者である先輩の姿を見て、好きになってしまったんです」

集団をまとめあげる姿はとてもカッコよかった。男性がリーダーシップをとる姿を見たのがはじめてということもある。

「飲み会で二次会、三次会とついていって、最後に先輩と二人きりになったんです。そのときに酔った先輩の腕をつかんで、『部屋に泊めてください』と言ってしまって」

酔っている彼は機嫌がよくて、彼女を部屋に招き入れてくれた。

「私の部屋よりもずっときちんと掃除してあって。それでますます好きになってしまって」

このとき、はじめてのセックスをした。

「彼はコンドームを使ったんです。エチケットを守れる人だと好感をもったんですが、いま考えると、部屋にコンドームを置いてあったんですよね。つまり、よく女の子を連れ込んでいたんでしょうね」

その後、何回かセックスをしたが、サークルの場など他人がいる前では彼は他人行儀だった。空気を読めない彼女は、どこでも彼にまとわりつくようになる。それを見かねた男子学生が「あの人、彼女いるよ」と教えてくれた。相手は日本女子大学の学生。「うちのサークルと日本女子大のサークルで合コンがあったそうです。そこで知り合ったそうです」。

相手が女子大の学生だというのに傷ついたのだそうだ。

「いま考えるとおかしなことですが、当時は女子大を見下していたんですよ。だって高校時代は女子大に行ったら負けだと思って、必死で勉強したんです。同じ大学の女子ならまだ納得できたんです。でも、どうして女子大の子に盗られるのかって、私のほうが上なのにって」

そのことを教えてくれた男子学生は、彼女のグチにつきあってくれた。そして気づくと、彼女は彼に「泊めてくれ」と言い、セックスをする。

短期間に二人の男性と性的関係をもったことで、「タガが外れた、というよりも、混乱していたんだと思います。カトリックの教育を受けてきて、『貞操観念』を植えつけられていた。シスターの説教なんて馬鹿にしていたけれど、どこかで影響されてたんでしょうか」。

今回、取材をしていて共学出身者と女子校出身者でいちばん差異があるのは、セックスへの認識だ。若い共学女子は、初体験は「通過儀礼」ととらえるが、女子校出身者にとっては「大事件」となる。

この彼女にとっても、初体験の相手と交際できなかったのは衝撃的な事件だったのだ。

しかし不思議なもので、サークルで二人と関係をもつと、ほかの男性とも二人きりになる機会が増えていく。

「男の人って自分の友だちとセックスした女でもいいんですね。私は友だちとセックスした男の人はイヤです。気持ち悪い」

半年で五人と肉体の関係をもった。

「学内の学生しか入れないサークルで、みんなまじめで地味な人ばかりだったから、ずいぶんとウワサになっていたと思います」

ちょうど六人目とそうなりそうだったときに男子と話していると、通りがかった同級生の女子が見せた「〇・〇一秒」の表情が目に入ってきた。

「同情でも嫉妬でもなくて、軽蔑の表情だったんです」

千葉の県立高校出身で非モテキャラを演じながらも、だれからも好かれる女子だった。

「共学の子のソツのなさって鼻につくんですが、あの子はそれすらも感じさせなかったですね。空気を読む力が抜群なのに、それを感じさせない。社会性の塊《かたまり》のような子でした」

仲がいいと思っていた女子の冷たい視線に傷ついた彼女は、これをきっかけにサークルから足が遠のいた。学業に専念するようになり、留学もして、卒業後は外資系企業に就職した。

「いままでセックスの経験はあっても、ちゃんとした彼氏がいたことがないんです。だけど、それがどうってことないですね。うーん、結局、セックスは好きでも男の人はいらないんですよ、私って。好きでもない男性とつきあいたいと思わない。ああ、好きって感覚も共学の子とは違うと思います。あの人たちって友情の延長に恋愛があるでしょう。私は恋と友情は違うと思います。女子校の友だちも、『ああ、人格がわかったらセックスできないよね』って言っていたけど。友だちは人格どうしの結びつきだけど、恋はそういう理知的なものじゃないと思う」

社会人になってからも恋はしていたという。だが、アプローチの仕方がわからない。女子校出身者が男性にがっついてしまうのは、それ以外にアプローチの仕方がわからないからかもしれない。

「大学時代にセックスしていたときのことは、じつは楽しい思い出でもあるんです。友だちの話を聞いていると、セックスが楽しめない体質の人もいるんですよね。クリトリスを刺激されるのは気持ちいいけど、挿入されると痛いだけっていう人は多いみたい。私は挿入されても気持ちよかったし、セックスは楽しめる体質なんです」

だが、彼女は社会人になって以来、セックスはしていない。なぜか。

「社会人になってわかったのは、セックスって社会的な行為なんですよ。うちの営業の新人女性がクライアントと寝まくって、営業から外されて総務に異動させられました。総務が監視するってことですよね。社内の飲み会でその子の話題になったら、女子よりも男子のほうが辛辣《しんらつ》に悪く言う。そのときに一人が、『あの子、小学校から大学まで女子校なんだよ。女子校の女ってさ、世間知らずだから、ヤリマンって言われることで自分や会社が社会的な地位を落とすことを知らないいんだよ』と言っていて、身につまされましたね」

三十処女で何が悪いのか

外資系勤務の彼女は大学在学中に半年間で五人とセックスをしたが、それ以降はセックスもしていなければ、彼氏もいなかった。サークルも辞めてしまった。余った時間をどうつぶしていたのか。

「学生時代から一人暮らしをしていたので、私の部屋は女子校時代の友だちのたまり場になっていました。社会人になってからも仲がいい子は来ますよ。うちに泊まってそのまま会社に行く子もいます。宿代の代わりに風呂場のカビを見つけると掃除してもらったり」

土日はだれかしらがやってきてDVDを見て過ごす。

「医者の友だちがオタクでアニメのブルーレイをもってきたんですが、うちでは見られない。ブルーレイがないんです。『じゃあアマゾンで買おうか』って言うので、それは止めました。うちをアニメのホームシアターにしないでほしい（笑）」

その彼女の部屋に集まる友だちのなかには「三十代処女」もいるというので、紹介してもらい会ってみた。

三十代処女といってもさまざまだ。

共学出身の三十代処女はうつむきながらセックスの経験のなさを告げるが、女子校出身者はだれしも処女であることをなんでもないように言う。

この女性も「あ、私、処女なんですよ」と言ってきた。

ちなみに外資系の女性は、この友人が処女だと知っているが、この友人は外資系の彼女が大学時代に五人の男性と性的な関係をもったことを知らない。彼女たちのコミュニティでは恋愛やセックスの話題は出てこない。

「あなたと同世代の処女が『一生処女でいたい』と言っていました。その方も女子校出身でした」と私が伝えると、彼女は楽しそうに笑ってこう話した。

「修学旅行で長崎に行ったときに、外国人が寄ってきて、『あなたたちはカトリックの学校だね。聖母マリアは処女だった。処女は差別されるべき恥ずかしい存在で、そういう女がキリストを身ごもったことに意義があるんだ』という話をされました。いっしょにいた子が『ヘンな人に絡まれたね』と言いました。でも、世間一般の価値観ってそうなんじゃないですか」

この世間の価値観とズレたところに彼女はいる。

「こうやって話せるのは、杉浦さんが女子校出身だからです。共学出身の人の前では言いません。大学時代に共学の子はたえず彼氏がいないと間がもたない。でも、就職活動のときは忙しくなるから、いったん別れたりする。ほんとうに好きなら別れませんよね？　共学の〝イケてる子〟は好きでなくても、自分のカーストを高めるために彼氏をつくるんですよ。で、同性どうしのつきあいが緻密《ちみつ》じゃないから、異性のパートナーが必要なんですよね。二〇一一年の震災のその日に同級生どうしで連絡をとりあいました。友だちは一人暮らしの私を心配して、『何かあったらすぐにメールしてね』と言ってくれました。社交辞令ではなく本気で言ってくれる」

少し自慢げなニュアンスが含まれるのを感じた。いつの世も同性の友だちが多いことは女性にとってはステイタスなのか。

美人ではないが男受けする色気がある印象だ。男性に縁がないタイプではない。

「いつも好きな人がいた」という彼女が連戦連敗してきた理由は、やはり「がっつく」からだという。

「大学時代に男の子と二人で出かけると、急にギラギラしちゃって引かれました。水族館で泳いでいるサメより、水槽に映っているギラギラした私のほうが怖いって怯えたりして」

彼女の場合は、中学・高校と女子進学校で過ごし、その後、女子大に進んだ。

「親が教員だったから、反対に一般企業へのあこがれは強かったんです。でも、OB訪問の段階で私には会社員はムリだと判断して、教員に絞りました」

最初は非常勤で就職し、その後、正規採用された。就職してからはさらに恋愛からは遠のく。教員は激務であるうえに、「同僚の若い男性教員はみな大学時代に売約ずみなんですよ。たまに事務のバイトさんが略奪したりしていましたけど」。

安定した職業の女性ほど見合いの話が多いので、彼女は何回も見合いをしたという。

「他校の体育の先生とお見合いしたら、ジャージで来られたことがありました。ウケねらいなのか、天然なのかと判断しきれなかったですね」と苦笑する。

仕事を通しての恋もあった。

生徒の地域ボランティア活動を引率したときに知り合った市役所の職員たちの飲み会に呼ばれた。その席で隣に座ったのが彼であった。

斜め前の席の主任が、「あなたは女子大の大学院を出ているんでしょ。娘もあの女子大なんですよ」と話しかけてきたので、彼女がうなずくと、横にいた彼が「顕微鏡をのぞいたりしていたの」と聞いてきたのだ。

彼は工業高校を出て市役所に就職していた。その彼は、大学院で研究といえば理系で顕微鏡という発想になってしまう。人文系の大学院で文献を読んでいる姿など想像すらできなかったのだ。進学校出身で両親も四年制大学を出ている彼女には新鮮だった。

世間知らずな女子は見たこともない種類の男性に惹かれる。優等生が不良に惹かれるように。

「見た目もカッコよかったんですよ」

どんなふうにカッコいいのかと聞くと、「お笑いコンビ・オードリーの若林」と嬉しそうに答えた。

小柄で童顔の若林は、一般的な基準からするとカッコいいとはいえないと思われる。共学の女性なら若林を「好きなタイプ」と表現しても「カッコいい」とは言わない。

高校時代に男子の「イケメンカースト」を見てきていないので、「カッコいい」の基準が世界標準ではなく、自分基準なのだ。

さて、恋に落ちた彼女は「彼が好きだ」と市役所の職員たちに伝え、彼との仲をとりもってもらおうとした。彼が所属する土木課の飲み会にも参加した。気をきかせた知人が彼と彼女をタクシーに押し込んだ。

したたかに酔っていた彼女は彼に寄りかかり、このまま彼の部屋に行くのか、それともホテルに行くのか、とうっすら想像しながら眠ってしまう。気づくと自宅のリビングで仰向けになっていた。ドアの向こうから「申し訳ございません。お世話をおかけしました」と聞こえる。いっしょに住んでいる姉の声だ。

「相手は律儀に私を自宅まで届けてくれたんですよ」

次の朝、まず姉に「飲みすぎるのはダメ。自分の仕事をなんだと思っているんだ」と怒られる。

それからこうも言われた。

「脈はないからあきらめなさい。彼、迷惑そうだったわ」

彼女の恋愛人生（片思い人生）は、「好きだと大騒ぎして、がっつき、嫌がられる」のくりかえしだったという。

だが、彼女は一見モテないようにはまったく見えない。いま、これだけかわいいのだから、学生時代はさらに魅力的だったろう。

「私、古いロックが好きなんですけど、一九八〇年代のイギリスのパンクバンド、『ザ・スミス』はご存じですか。ボーカルのモリッシーは三十代のころに、『ぼくは童貞なんだ。ぼくが求める相手はぼくを欲しない。ぼくを求める相手をぼくは欲しない』と話したんですよ。そういう感じです」

モリッシーがこの発言をしたときに、音楽ジャーナリストたちは「そこまでリップサービスしてキャラクターをつくるのか」と評していた。そのロックスターの言葉がほんとうなのかはわからない。だが、彼女にとってはそれが真実なのだろう。

「学生時代に友だちの男子につきあおうみたいに言われたことがあったんですが、仲がよすぎて異性として見られなくて断っちゃいました。スルーしちゃってました。共学出身の友だちからは、『あんないいやつを振るなんて信じられない』って言われたんですが、相手の内面を知っちゃうと恋愛の対象として見られないんですよ。つきあうとなればセックスするわけでしょ。人間性を知ってしまったら、もうセックスなんて恥ずかしくてできない」

これと同じことだと水戸第二高校出身の女性（四十代、販売職）も言う。モデルの経験もある美貌の持ち主だ。

「友だちの男性に恋愛の対象として見られるのはイヤですね。共学の男性が苦手なのは、友だちとして親しくなると『つきあおう』って言ってくることです。男子校の子にはセクハラがない」

友だちから「つきあおう」と言われることはセクハラなのか、という疑問も出てくる。

「いちばん仲がいいのは暁星の子たちです。お坊ちゃま校のせいか草食系な感じがします。私も草食なのでちょうど合う」

ＡＫＢ48のメンバーが恋愛スキャンダルで失脚すると、その男子は情緒不安定になったという。「励ますのが私の役割でしたね」。彼女自身がジャニオタなので、男性アイドルオタクの気持ちは痛いほどわかるのだ。

この彼女は女子高から女子大に進学して、七年間、女子ばかりの環境にいたことに後悔の念もある。

「共学に行っていたら、もっと現実の男性に向き合えたかなって。結果的に、結婚して子どもを産んで育てるという生活から遠のいちゃったわけですから。でも、水戸では私の学力だとあの学校しかなかったんですよ。東京や埼玉だと幅があっていいな、と思います。女子校って先生が、『あなたたちは女性に選択肢が増えたいい時代に生まれた』ってやたら言うでしょ。でも、実際はそうそう選択肢はないですよね」

「モテか、非モテか」が女子の中学受験

人生の選択肢はじつはない。

以前、取材した俳優たちが言っていた。ある俳優は「青春の思い出」としてモデルをやっていて、映画の仕事がきたため地方ロケに参加し、結果、就職活動に乗り遅れた。「ほんとうは銀行マンになりたかった」という彼は、その後、ドラマの主演に抜擢《ばつてき》されて専業の俳優になった。これと同じようなことをほかの俳優たちもしばしば話すのだ。中学時代に芸能活動を始めた俳優は堀越の芸能クラスに入学した。「あそこにいると、ふつうの生活という選択肢がなくなるんですよ」と語っていた。

今回、取材した女性たちも同じように言っていた。

晃華学園出身の女性が言う。

「小学校で男子にいじめられたんです。このまま公立中学校に行ったら、さらにひどいことになると思って、中学受験をしたいと親に訴えたら、『うちはサラリーマン家庭だから、私立なら偏差値が一定以上の学校に行ってもらいたい』『遠距離通学は心配だから一時間以内で通える学校にしなさい』と条件を出されました。そうすると、そうそう選択肢はないんで

すよ」

小学生向けの学習塾の講師が言う。

「中学受験ガイドを見ると、共学に向いている子は『男女いっしょにワイワイやりたい子』、女子校に向いている子は『女どうしで盛り上がりたい子』と書いてあります。わかりにくいですよね。端的にいえば、モテを求めるなら共学、喪女として生きるなら女子校がいいんです。男が娯楽になる子は男がいないとつまらないし、一方で男がいなくても趣味の世界で楽しめるオタクっぽい子は共学だと虐《しいた》げられます」

小学六年生の段階で「モテか非モテかの見極め」を求められるのが、女子にとっての中学受験なのだ。

そこに選択があるかといえば、じつはない。モテか非モテかは選択ではなく、生来の資質に左右されるからだ。

コミュニケーション能力や容姿でモテ・非モテは決まる。

桜蔭出身の女性（三十代、会社員）に桜蔭に進学した理由を聞くと、彼女はこう答えた。

「小学生のときに私はモテないから勉強するしかない、と思ったんです。容姿もかわいいほうではないし、それよりコミュニケーション能力がないと感じました。顔がかわいくなくても、モテる女子はいるでしょう。私はそうじゃなかったから」

ちなみに、この女性は結婚して幸せな家庭を築いている。

非モテゆえのよさもあるのだ。

「中学から入った子はみんな喪女で、私もコミケとか行っていましたよ」と言う豊島岡出身の三十代女性も職場の同僚と結婚した。彼女の豊島岡時代の友だちも半分は大学の同級生や同僚と結婚している。

取材をしていると、女子校出身者には「生まれてはじめての恋人と結婚した」というケースも多い。

「結婚は一人としかできない。多数にモテても結婚相手がダメなら不幸になります。反対に一人の男性からにしかモテなくても、その男性がいい人なら幸せになれる。モテってどうでもいいことなんじゃないかと思うんですよ。非モテ女子校の発想かもしれないですけど」（四十代、東洋英和）

恋愛や結婚は一対一でするものだとすれば、女子校で非モテを強化していっても、たった一人のよき伴侶《はんりょ》を見つければいいのだから、女の幸せを見つける意味では、実際はそうそう不利ではないのかもしれない。

Column

桜蔭に美少女が増えている?

受験塾関係者や教育ジャーナリストたちが口々に言うのは、「かつて桜蔭は岩みたいな女の子しかいないと言われていましたが、最近、かわいい子が増えている」ということである。

街や電車の中で見かける桜蔭生はむかしながらに地味に見える。だが、文化祭で大量に桜蔭生を観察すると、たしかに清楚でかわいい女子が多いのだ。

いま、女子校生の〝かわいい〟も、ヘアメイクや制服の着こなしで決まっていく。規則が厳しいカトリック校の女子生徒もわからないようにアイラインを引いているので、「修学旅行のときに同じ部屋の子たちに、すっぴんだと別人だと言われた」というぐらい、そのテクニックは進歩している。

だが、桜蔭は制服がジャンパースカートであり、どう着こなしても、オシャレにはならない。電車で見かける桜蔭生のなかにブラウスの胸元を開けている生徒がいて、客観的にはたまたまボタンが外れているように見えて、つい「お嬢さん、胸のボタンが外れていますよ」と教えてあげたくなるが、あの胸元のボタンを開けるのは、彼女たちなりのオシャレなのだという。胸元を開けている生徒はたいてい、カバンがぺっちゃんこでスカートが短い。彼女たちは、桜蔭のなかでは「ギャルっぽい」のだが、傍目からはあまりそうは見えない。

制服や校則のせいで、なかなかファッショナブルな女子校生になれない桜蔭の生徒たちだが、文化祭でじっくり観察すると、白い肌が美しく、目鼻立ちが整っている「素材の美しさ」を感じさせる美少女がたしかに多い。タレントの菊川怜も、桜蔭時代は「ぜんぜん美人という感じじゃなくて、元気がいい子って印象」だったという。菊川怜ほどの美貌でも桜蔭の制服を着ていると「ぜんぜん美人じゃない」という印象となるのだ。だが、卒業してオシャレを始めさえすれば、それは美しくもなるというものなのだろうか。昨今では、東大の女子学生はみな、ファッション誌から抜け出したように容姿がいいのだ。

大学や私立中学を取材している女性記者が言う。

「エリート家庭の子女がもつ美しさ、というのがあります。エリートの男性は美しい奥さんをもらうので、美しい子が生まれる確率が高い。何代も続くエリート家庭なら各代に美人の血が入るから、男女ともに美形が生まれる確率はより高くなります。むかしから雙葉には美人が多かったですよ。都内の女子校の女子が雙葉にルサンチマンをもつのは、あの学校の子はお嬢様できれいで勉強ができるからです。しかも制服がかわいい。その良家の子女層がいまは桜蔭で増えているのでしょう。いまエリート層の男性は、娘にも自分と同じ学歴を求めます。そうすると桜蔭に入れたがるわけです」

比較対象として、男子校のモテ事情にもふれよう。

一九九〇年代に都内の女子校に通っていた女子のあいだで人気がある男子校として「麻布」がある。

「麻布は社交性に重きを置く学校だからモテるんです」と言うのは受験産業関係者。制服がなく、自由な校風で、社交的な生徒が多い麻布の男子はあこがれの的であった。

だが、これが二〇〇〇年代に女子校で過ごした女性たちになると評価が変わる。

「麻布って自由すぎて、ちょっと怖い感じ」（二十代、フェリス）

「ある生徒が壇上で髪の毛を切ってばらまくパフォーマンスをやったそうです。それをカッコいいと思っているセンスがねえ（笑）」（二十代、鷗友）

また、光塩の卒業生は言う。

「同級生が麻布の男子とつきあっていたけれど、こっちも麻布だと第二希望で、向こうも光塩だと第二希望って感じ」

麻布が第二希望なら、第一希望はどこなのか。慶應や早稲田、法政二高だという。

また、興味深いのは二十代の雙葉、桜蔭、女子学院出身者たちの口からは「開成」の名前が何度か出ることである。西日暮里という都心から少し離れた場所にあり、制服もカッコいいわけではない。麻布と違い「社交性」などを重視しない「ガリ勉男子校」の代表格でモテるイメージはないが、「一部にとてもカッコいい人がいる」とのこと。学校のブランド力でモテたわけではなく、個々の容姿のよさで女子が寄ってきたということのようだ。

偏差値最高峰の開成には、首都圏のエリート家庭の子息が集まる。エリート家庭で美貌の容姿を受け継いだ美少年がいる可能性は高くなる。女子校の生徒のあいだで「開成の一部には超カッコいい人がいる」という話が流れているならば、桜蔭に美人が増えているというのも論理的に筋が通るだろう。

第4章
空気を読まない力

桜蔭中学校・高等学校

中学受験で就職のことを考える時代

「十二歳の子どもの人生の分岐点」という見出しの中学受験の記事があった。あながち大げさではない。中学は人格形成の大切な時期であるから、どの学校を選ぶかで人生は大きく左右される。そのためいま、学校のカリキュラム、校風を吟味して学校を選ぶ傾向は強まっている。

クラスの半数の児童が中学受験をするという都内小学校の教師が言う。

「いま、親は子どもをどうやって育てればいいか悩んでいます。親たちが学生のころは学歴で就職やキャリアが決まっていましたが、いまは違いますからね。とくに、自分自身が中学受験経験者の親御さんは情報をもっているがゆえに悩まれます。そういう親御さんはブランドに惑わされないで内容を吟味される傾向が強くなっています」

就職を見据えて中学受験を考える。そのため学校側は、子どもたちの将来のキャリアに結びつく教育を提供する必要がある。

だが、いま、どのような人間に育てていけば将来の就職に結びつくのか。

まず、いま社会や企業が求める能力を探ってみよう。

再三にわたって書いているように、現在、どの女子校も進学率を上げるのに必死だ。女子であっても学歴が高くて損をすることはない。また、基礎学力をつける必要があるのは言うまでもない。

その一方で、就職やキャリアは学歴ではなくなっている。

たとえば現在、女子大の人気がやや復活している。理由は手厚い教育内容、そして、就職率のよさである。

一九八〇年代、聖心やフェリスの学生は、ほぼ一〇〇パーセント一般職で就職していった。そのころに聖心女子大学を卒業したある女性は、都立日比谷高校出身で、受験シーズンにインフルエンザになり、滑り止めの聖心に進学した。成績はほぼオールA。大学以外でも本格的に語学を学び、聖心のなかでも目立って優等生だったが、就職先は総合商社の一般職であった。当時は、どんなに優秀でも、聖心の女子が大手企業に総合職で就職するのは難しかった。

だが現在、聖心やフェリスといったミッション系の名門女子校の優等生層も、大手の総合職に就職していく。

どういった生徒たちなのか。ある女子大の優等生グループに所属していた二十代の女性は言う。彼女は大手メーカーの一般職である。

「見た目はチャラチャラした格好をしていて、髪の毛を巻いて、ほどよいミニスカートのワンピースを着て、みたいな子たち。でも、授業にまじめに出て成績はほとんどA。インカレのサークルには入らないで、学内のボランティアサークルで熱心に活動していました。私は就職活動に出遅れたので一般職でしたが、友だちはみな大手の総合職で就職しました。都市銀に入った子もいます。転勤があるから地方に行っている子もいますよ」

今回の取材で会った女性も東京二三区の女子進学校を卒業後、受験で失敗して、日本女子大に進学した。

「最初は『もう私の人生は終わった』と嘆きました。だって、友だちはみんな早稲田か慶應に行くのに、私だけ女子大」

だが彼女は、高校時代は成績優秀で、もともと基礎学力は高い。プラスして、入学後はまじめに勉強して、大手金融機関の総合職で就職している。

かつては総合職採用では、聖心やフェリスなどのミッション系の女子大は排除されていたが、現在では、コンスタントに採用されている。採用において学歴が関係なくなってきている証《あかし》といえよう。

比較対象として、かつて存在した「学歴至上主義社会」を見てみよう。

かつてはなぜ学歴で注文がとれたのか

一九九〇年前後に、大手百貨店で人事を担当していた人が言う。

「当時の百貨店には高卒、短大卒、大卒とさまざまな学歴の社員が入ってきました。大学のなかでも学閥があって、百貨店は慶應が強い会社が多かったですね。百貨店は伝統的に女性が活躍できると言われていますが、当時はまだまだ女性の管理職は少なかったです。そのころ、女性を昇進させせない理由として、『高卒の男は、大卒の男の出世が早くても、それを受け入れる。けれど高卒の女子は、大卒の女子の昇進が早いと不公平感をもつ』とされていました。入社してまもなくそれを聞いたときは『偏見だ』と思ったんですが、実際、そういう部分は多々ありました。女性社員は一律に男性社員よりも下だ、という意識で働いているのだから、大卒の女性だけ優遇は許せない、という感覚があったんです」

つまり、当時のこの大手百貨店では「男性であること」「大卒であること」がキャリアを築く条件だった。

なぜ、性別と学歴で昇進が決まっていたのか。

それは、当時の日本は右肩上がりの時代だったからである。全体が経済成長をしていると、会社員はいままでと同じことをやっていれば儲けが出て、ビジネスが成り立った。その場合は「いままでと同じことをやって、組織を維持すること」が重要となる。いままでと同じことをするためには、社員の過去の業績が重要となっていく。学歴が高いこと。男として生まれたこと。そして、新卒で採用されて長く会社にいること。当時は中途採用の社員よりもプロパーの社員のほうが出世が早いのが当たり前であった。年功序列という言葉があった時代である。

そんな時代を知らない二十代の営業職（不二聖心）が言う。

「なんとなく想像はできますね。かつて、『いっしょに飲んでいて楽しい人と仕事をする』という時代があったんですよね。営業の仕事は接待。『いっしょに飲みたいやつ』と思われることが重要だったのでしょう。ちょうどバブルが弾けた直後に採用された女性課長がこのあいだ退職したんですよ。美人で社交的なよい方なんですが、仕事面では尊敬できかねました。ディレクションができないし、リサーチもできない、資料をつくるとグチャグチャで。

部下の私たちが『どうして課長になれたんでしょうね』と疑問に感じていたら、先輩社員がこう説明してくれたんです。『彼女はとにかく接待に強かった。東大法学部卒だからね。東大卒のかわい子ちゃんから酒の席でチヤホヤされると、喜んで仕事をくれるクライアントが大勢いたんだ』。たしかに、上の世代の方々は学歴に関心が強いですよね。私は女子校から女子大という学歴なんで見下されることがありますが、中高年の男性ほど露骨です」

この女性課長は学歴という「過去の業績」を武器にして接待で仕事をとってきた。いままでと同じ仕事でいいのであれば、接待で気に入った「いっしょに飲みたい人」に発注する。そのとき、学歴が高いことは武器になった。

また、当時は「学閥」というものがあり、たとえば、銀行のＭＯＦ（旧・大蔵省）担当はほとんどが東大法学部卒であった。理由は大蔵省の役人はみな東大法学部だったからだ。宮沢喜一は新聞記者に会うとまず学歴を聞き、東大法学部だとたいそうかわいがったという逸話がある。東大法学部を出れば東大閥に入れる。それがビジネスにおいて価値があることだった。

だが現在、学閥でビジネスは動かない。接待も職場の飲み会も減ったので、いまビジネスの場ではプライベートな情報は共有しない。よって学歴は話題にもならない。

大手家電メーカー二年目の二十代男性社員が言う。

「同期の社員は入社前から飲みにいっていたので、プライベートなことも知っています。彼女がいるかいないか、とか。だけど、自分の上司や先輩になると、既婚か未婚かとか、どの大学を出ているかとか知らないですね」

社内の人間の情報すら知らないとなると、社外のクライアントの学歴や家族構成などまず知らない。

ところで、どうして接待は減ったのだろうか。

端的にいえば、仕事相手を選ぶ基準が「いっしょに飲みたい人」ではビジネスがまわらなくなってきたからだ。

「場持ちのよさ」より「コンサルティング能力」

たとえば、かつては医師に豪勢な接待攻勢をかけて注文をとっていた製薬会社のMRと言われる営業職たち。医者がゴルフに行くと言えば、送り迎えの運転手を務めるという話もよく聞かれた。

だが現在、製薬会社が医師を接待することは業界全体の取り決めとしてなくなった。外資系の製薬メーカーが率先して、日本の製薬業界から接待をなくしたのだ。

国内大手製薬メーカーのＭＲは言う。

「病院に新規で自社の商品を入れるには二種類のやり方があります。たとえば、他社が出している商品を排除して、自社で同じ効能の商品を入れるやり方。この場合は、かつての接待攻勢が効いたんです。しかし、それよりも自社にしかない単価の高い薬を入れるためには、その商品の効能、どういう症状に対してどういう効果があるか、それをどうやって診断するか、を医師に教えていかないといけません。これを少しおこがましいですが〝医者を育てる〟と言います」

また、現在は医師もビジネスライクになってきている。そのため、ＭＲは自社の商品の情報だけではなく、医療関係全体の情報を集めて、医者に提供していき、そこで信頼関係を築いていく必要が生じてきた。

「将来のキャリアの相談を受ければ、それに対してアドバイスもして、情報を提供していきます。『外科医としてやっていきたい』とおっしゃるなら、もっとくわしく希望を聞いて、『それならあそこの大学のあの研究室で勉強されては』とお伝えしたり」

つまり、コンサルティング的なことが求められるのだ。

これは電気機器メーカーも同じである。かつてコピー機の会社は、コピー機をつくって売っていた。どの企業でもコピー機は必要で、同じ機能で同じ価格なら「また会いたい営業」からコピーを買う。そのため、いまでもコピー機の営業は美男美女が多い。

だが現在は、コピー機などの電気機器メーカーも、主力商品はコピー機というハードよりコンピュータシステムに移行している。要はコンピュータのシステムを受注生産して売っている。ほかの企業も同じで、いまは顧客のニーズを聞き、それに合ったシステムを売る受注生産がビジネスの主流だ。その場合、クライアントは、自分たちの要望をよりきちんと反映させてくれる業者に発注したいと願う。営業に求められるのは「酒の席での場持ちのよさ」ではなくて、コンサルタント的な能力となる。

人材コンサルタントが言う。

「いま、どの会社でもトップ営業マンは理系出身者なんですよ。相手の話をちゃんと聞いて、情報を整理していく能力があるからです。彼らは決して社交的ではないし、ときとして寡黙ですらあります。でも、それがかえっていいんですよ。自分はしゃべらないで相手にしゃべらせて、きちんと情報を得るんですから。理系の人間は論理的なので、そうやって得た情報を論理的に整理していき、クライアントのニーズを把握《はあく》して、それをもとにして相手が求めるものを提供していく。よくしゃべる営業の時代は終わったように思いますね。口先のおべっかで契約がとれるなんて過去の話です」

これに対して、大手メーカーの社員もこう話す。

「たしかに、うちでも理系の営業マンが台頭してきていますね。一つには、クライアントや社内の人間とのやりとりがメール中心になったこともあるでしょう。きちんと論理的に情報を伝える文章が書けることが大切になってくる。場持ちのよさや社交性は必要なくなってきますね」

このように地頭を使い、正確に相手と情報交換していく能力が求められているのだ。

先ほど「酒の席での場持ちのよさよりコンサルティングの能力」と書いたが、大手コンサルティング会社マッキンゼーの元採用マネージャーである伊賀泰代氏の著書『採用基準』（ダイヤモンド社）では、マッキンゼーの採用試験で「コンサルタントに向いているのは『半端でないレベルまで考え尽くすことができる人』です。純粋に考えることが好きで、考えることが楽しく、ヒマさえあれば何かについて考えている、思考意欲の高い人です」とある。

コンサルタントと言われる人たちだけではなく、現在は、ほかの職種でもこの能力が重要なのだ。営業だけではなく、技術職も顧客や営業とコミュニケーションをとり、それを技術的にどう具象化するかを考え抜くことが大切となる。

この「思考力」の育成については、女子校、とくに進学校では意識的に採り入れようとしている学校が多い。たとえば、洗足の説明会に出た受験生の保護者が言う。

「校長先生が、グローバル社会で通用するロジカルな思考力を育成する、そのためにディベートや論理的に考えさせるカリキュラムを行っている、とおっしゃいました。具体的には、そうですね、『風が吹くと桶屋が儲かる』ということわざがありますが、なぜ風が吹くと桶屋が儲かるのかを、言葉を置き換えて考えさせたりするとおっしゃっていたと記憶します」

社会が求める「思考力」を育てようという意思がカリキュラムに採り入れられている。

この「思考力」「考える力」が、教育や採用の現場で現在もっとも必要なものといえよう。

これと真逆に、いま教育や採用の現場で嫌われる言葉として「コミュニケーション能力」がある。取材で接した女子進学校の教諭や塾関係者も「この言葉は使いたくない」という物言いをした。

大手金融機関の人事の評価基準では「コミュニケーション能力」という言葉をあえて外し

たという。

だが、この「コミュニケーション能力」という言葉、二〇〇〇年代によく耳や目にした記憶がないだろうか。採用において「学歴よりもコミュニケーション能力」と盛んに言われた時期があったのだ。なぜ、そうだったのか。

理由として考えられるのは、二〇〇〇年代前半から、日本経済団体連合会が毎年、企業に対して行っている「新卒採用に関するアンケート調査」で、トップが「コミュニケーション能力」となりはじめたからだ。そのため、新聞や雑誌、テレビなどマスメディアが「いま、就職は学歴よりもコミュニケーション能力」と盛んに報道した。

それがなぜ、教育や採用の現場で敬遠されるようになったのか。それは「コミュニケーション能力」という言葉が誤解されがちなものであったからだ。

勘違いされた「コミュニケーション能力」の意味

「コミュニケーション能力」とは何か。まず「コミュニケーション」を辞書で引けば、「社会生活を営む人間が互いに意思や感情、思考を伝達し合うこと」とある。つまり「コミュニケーション能力」とは、情報交換をスムーズに行う能力ということになる。

それがどう誤解されているのか。

「本来、コミュニケーションとは情報を正確にやりとりする能力。ですが、少なくとも日本では『空気を読む能力』ととらえられています。だから『コミュニケーション能力』って言葉を使いたくないんですよ」と語るのは三十代の企業採用担当者。

実際、学生が「コミュニケーション能力を誤解している」ことはデータにも見え隠れしている。

経済産業省が二〇〇六年ぐらいから「社会人基礎力」というものを提唱しはじめた。学力や専門知識以外に社会人として必要な力を提示して、教育機関はそれを育てるようにしようとの呼びかけである。大学生を対象とした「社会人基礎力育成グランプリ」なんてコンテストも開催している。

経済産業省のサイトによると、「社会人基礎力」はこう書かれている。

前に踏み出す力（アクション）は「一歩前に踏み出し、失敗しても粘り強く取り組む力」として、主体性（物事に進んで取り組む力）、働きかけ力（他人に働きかけ巻き込む

社会人基礎力の12の能力要素

分類	能力要素	内　容
前に踏み出す力（アクション）	主体性	物事に進んで取り組む力
	働きかけ力	他人に働きかけ巻き込む力
	実行力	目的を設定し確実に実行する力
考え抜く力（シンキング）	課題発見力	現状を分析し目的や課題を明らかにする力
	計画力	課題の解決に向けたプロセスを明らかにし準備する力
	創造力	新しい価値を生み出す力
チームで働く力（チームワーク）	発信力	自分の意見をわかりやすく伝える力
	傾聴力	相手の意見を丁寧に聴く力
	柔軟性	意見の違いや立場の違いを理解する力
	情況把握力	自分と周囲の人々や物事との関係性を理解する力
	規律性	社会のルールや人との約束を守る力
	ストレスコントロール力	ストレスの発生源に対応する力

力）、実行力（目的を設定し確実に行動する力）。

考え抜く力（シンキング）は「疑問を持ち、考え抜く力」として、課題発見力（現状を分析し目的や課題を明らかにする力）、計画力（課題の解決に向けたプロセスを明らかにし準備する力）、創造力（新しい価値を生み出す力）。

チームで働く力（チームワーク）は「多様な人々とともに、目標に向けて協力する力」とし、発信力（自分の意見をわかりやすく伝える力）、傾聴力（相手の意見を丁寧に聴く力）、柔軟性（意見の違いや立場の違いを理解する力）、情況把握力（自分と周囲の人々や物事との関係性を理解する力）、規律性（社会のルールや人との約束を守る力）、ストレスコントロール力（ストレスの発生源に対応する力）。

一方で、学生側はこの「社会人基礎力」をどうとらえていたのか。

企業側と学生の意識のギャップについて、ベネッセ教育研究開発センターの山田剛氏は、『研究員リポート データからみる今と未来 第19回 子どもの将来と教育（1）――「社会人基礎力」の観点から考える』で、同時期に行われた二つの調査結果のデータを引用して分析している。

その一つが「みんなの就職」と「楽天リサーチ」が行った「社会人基礎力に関するアンケート」（調査対象は二〇〇六年三月卒業、二〇〇七年三月卒業予定の学生三一八六サンプル）である。「社会人基礎力」の一二の項目のうち「どれが自分の強みと関係が深いと思うか」と聞いている。

上位三つは「柔軟性」五〇・六パーセント、「傾聴力」四七・五パーセント、「情況把握力」四五・四パーセントで、低い項目の下から三つは「発信力」二一・三パーセント、「働きかけ力」二三・七パーセント、「主体性」二八・九パーセント。

三つの大きな分類でいえば、「チームで働く力」に関しては強みがあると思っていて、「前に踏み出す力」はあまり自信がないようだ。

企業が「求める人材像」と「社会人基礎力」を構成する12の能力要素との関係の深さ

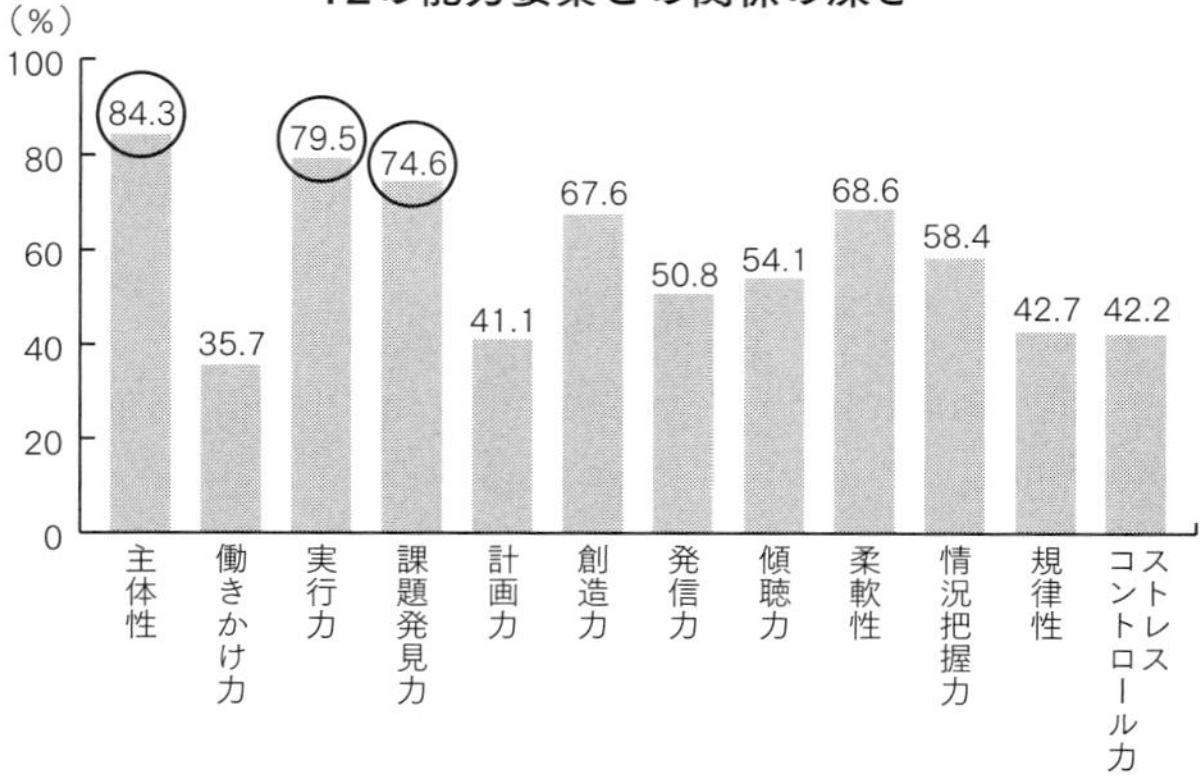

※調査対象：東証一部上場企業から中堅・中小企業まで含む185サンプル
「社会人基礎力に関する緊急調査」（2006年、経済産業省）より作成

「社会人基礎力」を構成する12の能力要素について若者自身が考える自分の強みとの関係

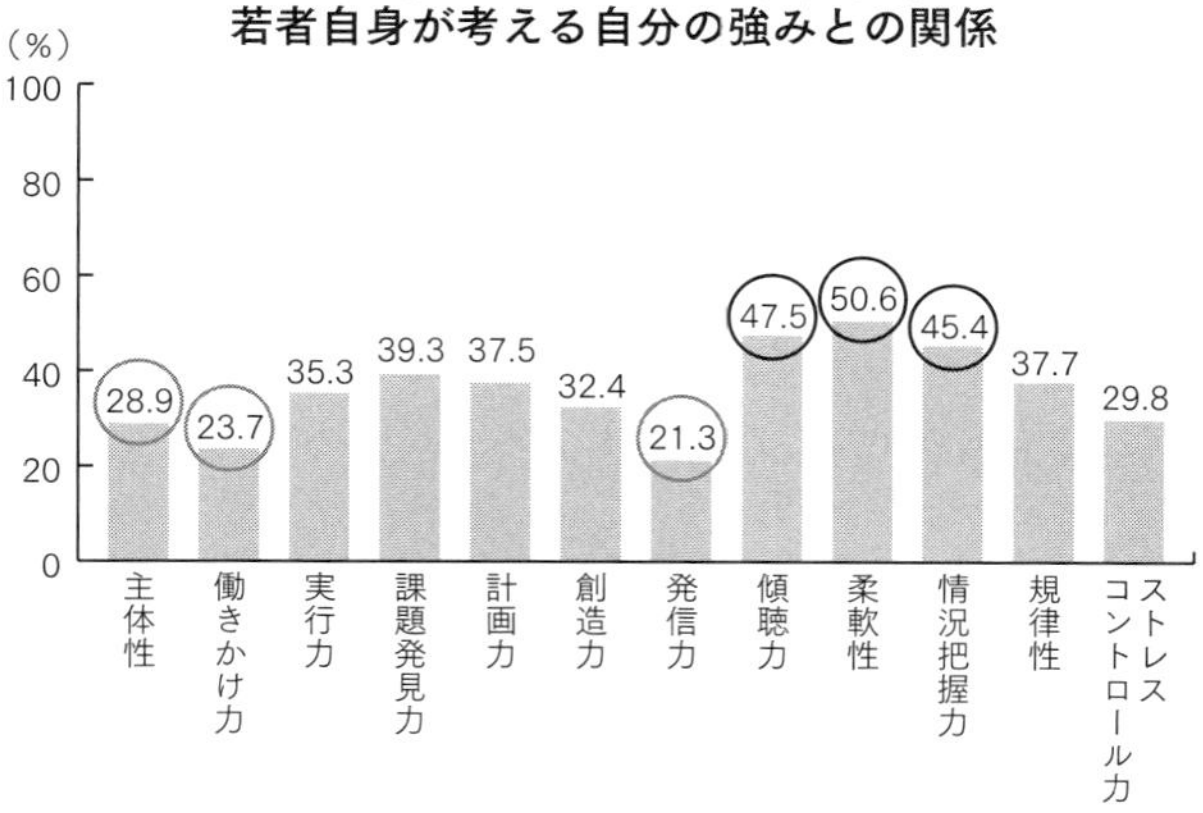

※調査対象：2006年3月卒業、2007年3月卒業予定の学生3,186サンプル
「社会人基礎力に関するアンケート」（2006年、みんなの就職株式会社・楽天リサーチ株式会社）より作成

このデータを見て、先の企業採用担当者は言う。

「強みがあると思えるのは、努力して磨いてきた部分です。つまり、彼らは柔軟性、傾聴力、情況把握力など『空気を読む力』を鍛え、周囲と調和する能力にもっとも重きを置いているわけです。『情況把握力』っていうのはまさにそれだし、発信力がないのは調和を乱したくないから意思を伝えないともいえる。日本経済団体連合会のアンケートにはコミュニケーション能力とは別に協調性という項目もあるんです。空気を読む能力はそっちに含まれるでしょう。企業が欲する『コミュニケーション能力』を学生は勘違いしているんですよ」

「コミュニケーション能力」を「空気を読む力」と誤解している学生が存在する。その理由を見ていこう。

スクールカーストが生み出した「KY」という言葉

要因として、二〇〇七年に「KY」という言葉が流行し、流行語大賞の候補になったことがあげられる。「KY」は、もともとは高校生のあいだで発生したスラングで、「空気が読めない」の略である。

空気とは「その場の雰囲気」を指す。学校教育のなかでは「いじめ」「暴力」はご法度《はっと》となり、学校側はそれらを起こさないことに細心の注意を払うようになっている。

二〇〇〇年代に東京学芸大学の附属中学に通っていた会社員が言う。

「運動会で使用するボールは軽いものなどで、運動能力で差がつかないように配慮されていました」

ゆとり教育のなかで話題になった「徒競走で手をつないで走らせて、みんな同時にゴールさせる」という例と似たような配慮だ。なぜそのようなことをするかといえば、運動能力で勝ち負けが出ると、それがスクールカーストにつながるからだ。

そこで求められるのは調和であり、場の雰囲気を壊さないことが重要となる。みんなで手をつないで仲よくやろうと必死なのに、一人だけ手を振り払って走っていく生徒がいたら、彼は「空気が読めない」と批判され、いじめの対象になっていく。

スクールカーストは「イケているか、否か」が基準となってできていく。かつては「不良でケンカが強い」「オシャレでかわいい」「スポーツ万能で成績優秀」といったわかりやすいパワーの強い者がカーストの上にいたが、それらで差がつかないように学校側が配慮すると、「空気を読む能力」が重視されるようになる。

土井隆義『友だち地獄――「空気を読む」世代のサバイバル』（ちくま新書）の本文と表紙では、ある中学生が書いた川柳が紹介されている。

教室は たとえていえば 地雷原

かつての教室はこの地雷を踏み合い、そこから対立が生まれ、抗争やいじめが起きていった。だが、現在は抗争が生まれることを避けるために、少しでも地雷を踏むといじめのターゲットになる。

「KY」という言葉は「空気を読めない」、つまり、場の雰囲気を乱す人間を批判する言葉だ。

学生が社会人基礎力で自信があると回答したのは「柔軟性」「傾聴力」「情況把握力」と、すべて調和を壊さないようにするために必要なもので、「情況把握力」などはそのまま「空気を読む力」と言い換えてもよい。

つまり、スクールカーストの基準が「いかに和を壊さないか」で決まる学校世界で育った学生たちだからこそ、「コミュニケーション能力」が「空気を読む能力」と勘違いされたのではないか。

スクールカーストを描いた作品として、先に紹介した『桐島、部活やめるってよ』と並んで取り上げられるのが『野ブタ。をプロデュース』(白岩玄、河出書房新社)である。ここではドラマ版を参照する。

ドラマ『野ブタ。をプロデュース』は二〇〇五年に日本テレビ系列で放送され、平均視聴率一六・九パーセント(関東地区、ビデオリサーチ社調べ)と高視聴率を記録している。

このドラマでは、空気を読める人間がカーストのいちばん上にくることが描かれている。主人公の修二はその場の空気を読み、ノリのよさでそつなくふるまい、身だしなみに気をつけて外見をよく見せ、人気者である。「恋人がいないと馬鹿にされる」ので、好きでもない女子と交際している。相手の女子はバスケ部の美少女で、もっとも高いカーストにいる。

だが、修二がそんな「人気者」の自分に悩むのは非常に正しいし、冷静だといえよう。なぜなら、このようなスクールカーストは就職やその後のキャリアとは関係ないからだ。

「カーストの上位にいたサッカー部の連中はぜんぜん就職ダメだったんですよ」(二十代、光陵高校)

「子どもっぽいって馬鹿にされていた男子が医者としてすごくいい仕事をしていたり、カッコよくてモテていた男子が中小企業をリストラされたり。ホント、人生はわからない」(四十代、青山学院)

また、首都圏の県立進学校の教諭が言う。

「十年ぐらい前にスクールカーストで上位にいた生徒は、美貌の運動系クラブのキャプテンで、ボーイフレンドはサッカー部のエースでした。彼女は現役で早稲田に進んだあと、海外でNPO活動をしていて、就職活動も順調、いくつも内定をもらっていましたが、大手商社に入って三年で退社しました。彼女の退職を聞いて、私はやっぱりなと思ったんです。行事の後片づけのときに決まって廊下で取り巻きとおしゃべりをしていたんです。体育の授業で華麗にシュートを決めるみたいな目立つことは一所懸命でも、地味な作業は嫌う。それが変わらないままに会社に入ってしまったんでしょうね。どの職場でも新人は地味な仕事を大量にやらないといけないので、そりゃ、スポイルされますよね」

このように、学生時代や二十代のころのカーストは、その後の人生につながらない。

ゆえに『野ブタ。をプロデュース』の修二は、「調子ばかりがよくて何も生み出さない自分」、つまり空気を読みすぎる自分に悩む。

だが、それはカーストの頂上に立った修二だから見える真実であり、そこにいたらない大多数の人間は、どうしても目の前のカーストの基準に縛られて、「就職やキャリアは『コミュニケーション能力』で決まる」と言われれば、「コミュニケーション能力」＝〝空気を読む力〟と受け取るのは当たり前である。

空気を読みすぎる共学女子

学生たちの「空気を読む力」至上主義に企業は悩まされている。

ある企業の人事担当者は言う。

「いま採用が難しくなっているのは、学生たちの空気を読む能力やプレゼンの能力が高くなりすぎて、面接試験で能力が判断しづらくなっていることです。いまの学生はみんな浪人してないんですよ。それどころか、大学入学試験を経験していないケースも多いんですよ。いわゆるＡＯ入試では、学力試験がなく面接と小論文だけです。つまり、プレゼン能力だけで一流大学卒の学歴が得られるんです。そういう入試が注目されると、みなプレゼンの重要度を意識して育ちます。そして、就職試験対策の塾で訓練を積んでくる。そのため、プレゼン能力や空気を読む力はべらぼうに高い。こうなると、面接では本人の人物像が見えてこないんですよ」

このような悩みは大手からベンチャーまで、ありとあらゆる企業が抱えている。面接中心の採用がいかに危険かを企業も自覚し、現在はインターンシップで学生時代に企業での業務を経験させる制度が普及している。そのあいだに学生の質を見極めるのだ。

「私がやるのはデータを探させることです。何でもいいんですよ。たとえば『主要SNSの登録者人数の推移』というとネットのまとめサイトをプリントアウトしてくる子がいますよ（笑）。地頭を使う子なら、そのまとめサイトをヒントにして、転用元を確認したりしながら、信頼性のあるデータにたどりつきます。えっ？　そんなのできて、当たり前じゃないかって？　それができない子が多いんですよ。地頭を使わなくても、その場しのぎで調子よくやってきてスクールカーストの上にきた子とかね。あと、注意したときの対応とか。ぼくが個人的にヤバイと考えているのは素直に反省しすぎる子です。空気を読むだけの子ほど表面上は反省の姿勢を示す。それも一種のプレゼン能力ですよね。かわいく反省できないやつが増えているので、反省ザルはポテンシャルがあるように誤解しがちですが、騙されてはダメですよ」

また、女性の部下を多く抱える男性管理職が言う。

「『KY』（空気が読めない）という言葉が悪かったと思います。女子大の子はドン臭いけれど、企画でも何でも地頭で考えようとする。一部の共学の子のなかには空気を読みすぎる子がいる」

なぜ、空気を読みすぎるのはよくないのか。

「空気を読みすぎて仕事をサボることがあるからです」

つまり、場の雰囲気を読んで、要領よくふるまって、その場しのぎをして逃げてしまう、ということだ。学生時代はそれですんでも、社会人になってそれでは困る。

では、どんなときに「空気を読みすぎてサボる」という状態になるのか。

ある企業の営業セクションの女性管理職が言う。

「毎月、課すノルマは高めに設定します。『ザ・共学出身』という感じの子は絶妙な数字をあげてくるんですよ。ノルマは決してクリアしない。でも、呼び出されて怒られることもないような数字。よすぎる月の契約は次の月にまわすとかね。もちろん、ほかの人たちもやっていますが、その調整の仕方が絶妙なんですよ。女子がトップセールスマンで表彰されると、やっぱり男性以上にやっかまれます。そのあたり空気を読みすぎるから、仕事の手を抜くわけです。その手抜き具合のさじ加減が絶妙すぎて、私としてはあきれるばかりですが、職場での評判はいいですね」

だが、それは要領がいいだけで、たいして問題ではない。

この管理職は「さらに問題児がいる」と言い、「人脈採用で入ってきた子です。個人的には人脈採用の危険性を感じています」と続ける。

いま企業の新卒採用で「人脈採用」が増えている。「縁故採用」ではなくて、あくまでも「人脈」である。自社の優秀な若手社員に大学のゼミや研究室の後輩を紹介させるのだ。優秀な若手社員の人脈なら、いい人材と出会える確率が高いと考えるわけである。

女性管理職は言う。

「この『人脈採用』で失敗したのが去年採った女子社員です。地方の県立高校から早稲田大学という経歴でした。地方出身者はしっかりしている子が多いし、私は自分自身が六年制一貫の女子校育ちであることがコンプレックスなこともあって、面接で彼女に○をつけました。話した印象は論理的で嫌味がなく、社交性もあって、私も最初はいい子が入ったと思ったんです」

だが、研修を終えて、営業部署に配属されると、すぐにボロが出てきたのだという。

「クライアントとの会食に連れていったんです。ふつう、はじめてクライアントに会うなら、相手の企業について調べて勉強してきますよね。それをまったくやってこないんですよ」

いっしょに電車に乗っているときに、いまから会う相手企業の新規事業について話すと、その新人は「そうなんですか」という表情をしたのだという。「業界紙に出ていたので、ちょっと調べれば知っていて当然なことだったので驚きました」。だが、会席ではおとなしく座っていて、タイミングよく相槌を打ち、やはり場持ちはいい。

「その後もいろいろと驚かせてくれましたよ。たとえば、新商品の販促の企画を考えるのに、『他社の競合商品のデータをそろえて』と言ったら、競合商品の一覧をもってきたんです」

販促の企画を考えるために集めるのだから、他社が競合商品の販促をどのようにやっているか、そのデータを集めるに決まっているのだが、「そこまで考えられないんですよ。仕方がないから『いや、販促の内容を知りたいの』と伝えたんです。そうしたら、今度はそのデータが集められないんですよ。そこで、社内ネットワーク上には既存の商品の発売時に使用したデータや資料があるから、それを見てと伝えても、その資料を見ているだけで、そこからヒントを得て行動に移せないんです。データの探し方がわからないなら、作成者に『どうやってデータを集めたんですか』と聞けばいいんですよ。うちの部署は雰囲気がいいので新人が先輩に質問しても追い払われることはないですから。でも、それすらできないんです」

女性管理職は大きくため息をついた。

「『空気しか読めない子』なんです。頭が悪いというよりも、頭を動かせないんですよ。自分の頭をひねって考えることができない。そのくせ、妙な反射神経はいいんです。部署のエースと言われる三十代の男性社員がいるんですが、彼は私以上に職場で影響力があるんです。その彼と親しい派遣社員の女性には、その新人の子はものすごく気をつかうんですよ」

その新人が派遣社員に必要以上に愛想よくする様子を見て、こう思ったという。

「ああ、この子はこうやって生きてきたんだな、と。カーストを読む能力は優れていて、カーストが高い人とのコネクションをつくっていくことで、カーストの高いグループに属してきたんだな、と。だから、人脈採用でひっかかってきたんです。空気を読む力が高いから、頭を使わなくてもやってこられたわけですが、会社に入ったら通用しません。たまにこういう『空気しか読めない子』がいるんですが、たいてい共学出身ですね。サボっているんじゃなくて、空気を読みすぎて仕事をすることができなくなっているんです。自分で考えて動くと、ときには批判されることもあります。それを恐れるあまり地頭を動かすことができなくなっているんです」

一方で、女子校出身者はどうなのか。女子校出身でもサボり癖がある人間もいるだろう。

「女子校の子の場合は両極端な印象がありますね。ほんとうに働かない子もいます。販促の街頭キャンペーンのときに、若い女性社員が何もしないで突っ立っているので、先輩の男性社員が注意したら、『そういうふうには学校で教わらなかった』と言い返されて絶句したことがありました。幼稚園から高校まで一貫のお嬢様校に通っていたと、あとから聞いて納得しました。一方で、女子校出身者で頑張りすぎて倒れちゃう子もいますね。言葉の裏が読めないので、言われたとおりにやっちゃうんです。同僚たちからは陰で『プチ勝間和代』と揶揄されていた東洋英和出身の子は、協調性に欠けましたが、仕事ぶりはしっかりしていたので部長クラスからも一目置かれていたんです。でも結局、身体を壊して辞めましたね。ちらほら見ますね、サボり方がわからなくて体調を崩す女子校出身の子は」

空気が読めないから、サボるタイミングがわからないということなのか。頑張るのはいいが、倒れるまで働くのは問題であろう。

この「空気が読めないので頑張りすぎる」「言葉の裏が読めない」という話に対して、共感の意を唱える女子校出身者が何人もいた。

「客に無理な納期を言われて徹夜して手配したら、『ええっ、ほんとうに守ったんだ』と驚かれた。遅れる前提で日程を言ったようです。若手ならともかく、三十過ぎてこれってどう

かと思います」（三十代、恵泉、営業職）

「客先で打ち合わせをした内容を上司に報告すると、『貴様、騙されている。どうして相手の言葉をそのまま受け取るんだ』って言われることが何回もありました」（二十代、フェリス、エンジニア）

「部長は無理なノルマを言っていて、それを達成するのは不可能と気づくのに時間がかかりました。ちゃんと空気が読める人たちは最初からそれをわかっていたのに」（二十代、鎌倉女学院）

前章で述べたように、女子校では率直なコミュニケーションが行われるので、相手の言葉の裏や空気を読む技術は育たないのだ。

女子校育ちの「オバさん転がし」

女子校で「世間知らず」に育つと、社会に出れば生きにくい。

だが、なかには「女子校で培《つちか》った独自の社会性が役に立っている」という人たちも多数いた。彼女たちはみな、こう述べる。

「いまの職場は女性ばかりの『女社会』。とても居心地がいい」

東京女学館出身で航空会社のCAは言う。

「女ばかりで居心地がいいですよ。CAは人前ですばやく着替える必要がありますが、女子校育ちだと抵抗なくできるし」

この女性は若くして管理職になり、年上の部下をもつ立場になった。

「男社会は軍隊を見ればわかるように、権力で動くんです。上司が『やれ!』と言えば部下は言うことを聞きます。でも、女性はそれでは動いてくれません」

では、どうするのか。

「何かを指示するときは、理由をちゃんと説明する必要があるのが『女社会』です。『こうすれば効率的になるでしょう』とかね」

もう一つ、彼女は管理職として心がけていることがあるという。

「まず自分が動くことです。自分のぶんの仕事が終わったから休むのではなくて、部下の仕事を手伝うんです。女性はよく働く人に敬意をもつので」

この女性は新人時代に、上司や先輩にたいそうかわいがられたという。

もちろん、女子校出身者にも「女社会」への得意・不得意はあるが、ここでは大得意と胸を張る二十代たちの「オバさん転がし」テクを紹介しよう。

「女社会」で働く彼女たちに、「女子校出身だと女性とうまくやれると感じる部分はありますか」と聞くと、もう「オバさん転がし」自慢が止まらない。彼女たちは同世代の同僚とは対立しても、上司や年上の女性からは非常にかわいがられることが多々ある。

生保で営業事務を担当している女性（二十代、光塩）。大きな瞳に白い肌で魅力的な容姿をしている。彼女は言う。

「仕事としては生保のオバちゃんの相手です。彼女たちはわが社の商品を売っているけど、自営業として契約しているかたちです。完全歩合制で競争が激しいから物言いはキツいし、正社員の女性には反発心も強い。だから、社員が泣かされるなんてしょっちゅうです。で も、職場で私だけはオバちゃんたちにすごくかわいがられています。『このあいだ旅行に行ったのよ。あんただけにあげる』と、ご当地キティのキーホルダーをもらったり。努力していないのに、オバちゃんが寄ってくるので、同僚からは『なによ、あの子だけ』と思われていると思います」

また、白百合出身の二十代営業職は言う。

「女性のクライアント担当者にはかわいがってもらいましたね。女性が担当だとやりにくいと言う同僚もいるけど、私はラクでした。セクハラはないし、ちゃんと仕事さえすれば納得してくださる。最後に挨拶したときに『あなた、お昼まででしょ』とおっしゃって、『これ、おいしいパンなのよ。運よく買えたんだけど買いすぎたからもっていって』といただいたり（笑）」

なぜ、彼女たちは「オバさん」にかわいがられるのだろうか。

光塩出身の女性は言う。

「年上の女性に嫌われるのは「若い、かわいい」。だから、『若くないです』『かわいくないです』というスタンスで接するんです。少しオヤジが入ったような口調や手振りで」

この女性に「でも、あなたは若くてかわいいじゃないですか」と言うと、彼女は目を見開いて、「そういうことを言ってもらえると全部本気にしちゃいますよ！　言われ慣れてないから」と舌を出した。

また、光塩出身の事務職（二十代）は言う。

「女子校出身者は声が大きいでしょう（笑）。とくに光塩は元気な子が多いので、自分も大きな声で言わないと負けてしまう校風でした。職場で私も声が大きいんですよ。何でも思っていることをしゃべっています。そうすると、女の先輩たちは安心するんですよね。あの人たちは、〝いまどきの二十代はわからないわ〟と怖がっているフシがあります。でも、私みたいに率直だと〝この子は考えていることがわかるから安心〟って思われるのでしょう」

転がされたオバさん側はどう思っているのか。

損保勤務の四十代の管理職は言う。

「男性社員たちのあいだで『やりにくい』と言われている女子学院出身の子がいたんです。天下の名門校出身でプライドが高いのかな、と思っていたんです。ある日、偶然、駅のホームで彼女といっしょになったんですよ。私が声をかけたら、急にこうバッグを両手でもって背筋を伸ばすんです。そのしぐさから『ぶりっ』って音がするのが聞こえたような気がしました」

ここで言う「ぶりっ」は「カワイコぶりっこ、ぶりぶりぶりっこ」の擬音らしい。

「それから話をしていたら、自然な流れで仕事の悩みを言ってくるんですよ。営業なので顧客のグチでした。でも、その相談してくる感じがじつにかわいいんですよ。あとから考えると、ほとんどちゃんと話すのははじめての相手に自分の悩みをさらけ出して、懐に入っていくテクはすごいな、と」

彼女は腕を組んだ。

「〝オヤジ転がし〟の共学女子っているじゃないですか。女性の主任クラスや同僚に評判が悪いのに、なぜか、男性にはウケがよい子。オヤジ転がしを見るたびに、『男ってなんで騙されるのかしらね』『どうして？　女子が全員あの子を嫌っているのに』と不満に思ったものです。でも、その騙される気持ちがわかったような気がしました。ほかの連中が悪く言おうと、あんなふうに懐に入ってこられると、やっぱりかわいいですし」

女性の管理職が増えたことにより、今後は女子校出身のオバさん転がしも、さらにエスカレートしていくのだろうか。

「男のメンツ」が読めない

だが、いくらオバさんを転がしても、組織はまだまだ男性中心にまわっている。

ある大手百貨店の三十代の社員は言う。

「これはぼく個人の感想ですが、女子校出身は非常にやりにくい。男ってプライドをくすぐられて頑張る生き物でしょう。共学の子はそこをちゃんと押さえる。でも女子校の人は、ぼくが見逃してほしいミスを面と向かって『あんたのせいじゃん』と言ってくる」

ここで彼が共学の「子」と言い、女子校の「人」と表現したところで距離感がわかる。百貨店、損保、生保、コールセンター、薬剤師、看護師など、女性が主体となって働いている業種は数多い。

ため息をつきながら外資系メーカーの女性管理職は言う。

「県立女子校から女子大という経歴の優秀な女性の部下がいて、もっと仕事をまかせたいんですが、とにかく、男性の上司とうまくやってくれないことに悩んでいます。ほんとうにいい子なんですよ。仕事が速くて正確。私やほかの女性に対しては感じがよくて、気配りもできる。派遣社員やバイトの女性からも好かれています」

そこで彼女は、企画会議に新しい部下を同席させた。「新入りだからいなくてもよかったんですが、できる子だし、会議に出せばモチベーションが上がるだろうと思ったんです」。

ところがだ。会議のなかばに事件が起きた。

「彼女が急に挙手して、発言し出したんですよ。男性の上司がある業者に発注を決めたことに対して『疑問があります』と食い下がるんです。上司がその業者の営業を気に入っていて、優先的に発注していることが『ほかの業者に対して不公平だ。同じクオリティの仕事をして、もっと安い業者があるのに』と批判しはじめるんです。そんなのほかの人間もわかっていることで、それまで黙っていたのに。彼女の意見はまったく正しいだけに、上司のメンツは丸つぶれです」

会議が終わったとき、彼女は大きなため息をついた。「こんなに痛い子だったなんて」と。

このように、女子校出身者は「女性との協調性や社交性は抜群なのに、男性のメンツを平気でつぶす」という意見をしばしば聞く。

たまたま会った総合商社の男性社員に、「いま何を取材しているんですか」と聞かれたので、「女子校です。女子校出身者ってどう思いますか」と質問で返すと、地方の県立進学校出身の彼はこう答えた。

「男のメンツを平気で踏みつぶしますよね。そういうことをやると結局、彼女たちが損するわけでしょう。なんかかわいそうだな、って思いますね」

だが、女子校出身者は意図的に男性のメンツをつぶしているわけではない。

横浜共立出身の女性（三十代、商社）が言う。

「私も上司から直接、男のプライドやメンツを傷つけるな、と注意されたことがありますよ。でも、私には彼らが何をプライドと思っていて、メンツが何なのかわからないんですよ。同業者どうしで集まる大きな飲み会があったんですが、旧財閥系の男の社員たちが裸になって踊り出したんです。彼らは人前で裸で踊ってもプライドは傷つかないわけでしょ。なのに、女性が小さなミスを指摘すると、プライドが傷つくとか言うわけです。意味がわからない。そのあたり、共学女子は非常にうまくやっていますよね。相手のミスを指摘するのって親切心だと思うんですが、それを大きなお世話だと感じる人もいる。共学女子は親切さが足りないぶん、出すぎない。あの自制心はみごとだと思います。相手のプライドやメンツを気づかうところは長《た》けていますよ」

このように「男性のメンツが読めない」「余計なことを言ってしまう」と言い、企業社会での生きづらさを訴える彼女たちは、「女子校は楽しかった。人生最良のときだった。でも世間知らずになってしまった。共学に行けばよかったと思う」と語る。

浦和明の星の出身者（三十代、百貨店）が言う。

「明の星では自立しなさいと教えられました。自分の考えをもつことが大切だと言われてきました。でも社会に出たら、それは求められてなかったように感じました。控えめであることが大切だというプレッシャーに苦しみました」

今回、出会った七八人の女子校出身者の多くが、このような戸惑いを抱えながら社会に順応しようともがいている。

だが一方で、「女子校は楽しかった。生まれ変わっても女子校に行きたいし、娘を産んだら女子校に入れたい」と言った跡見学園出身者はやや違った。二十代で大手メーカーの総合職として働く彼女は言う。

曰く、大手や有名企業に入社している跡見の同級生は多いという。具体的に聞いたが、錚々《そうそう》たる企業が並ぶ。総合職で就職しているケースも多いとのことだ。

跡見は進学校化している最中である。この二十代女性は無名の大学卒で、彼女の友人たちは私立女子大卒だが、なぜ人がうらやむ大手企業に就職できるのか。

彼女の上司、つまり大手メーカーの管理職がこう言ったという。

「学歴じゃなくて、学校や家庭でのしつけなんだよ」

そして、この彼女は取材の最後にこう言った。

「跡見の子はよくも悪くも主張しない」

名門旧制高等女学校の伝統を受け継ぐ跡見はいい学校であるが、そのよさがうまく受験生に伝わっていないようにも見える。その理由を受験塾関係者が「おしとやかな学校なので派手な宣伝をしませんからね」と述べた。

「おしとやか」で控えめで主張しないからこそ、今回会った跡見の卒業生やその同級生たちは大手企業で活躍している。「女は控えめであること」。それが社会のニーズに合っているということだろうか。

そうだとすると、多くの女子校が生徒たちに教えている「自主自律」は将来、何につながるのだろう。

女子校が説く「自主自律の精神」は社会で役に立つのか

女子校出身者たちから何度も聞かされる「学校で教わった」言葉。

「自主自律の精神」

「自分の考えをもちなさい」

「友だちがするから私もするはダメ」

もちろん、共学でも同じようには教育するだろう。だが共学であれば、男のメンツを読み解く訓練をするので、彼らの地雷を知っている。

雙葉の出身者が言う。

「学芸大学や筑波大学の附属出身の女子を見ていると、よくできていると思いますね。彼女たちはプライドがとても高くて、もう雙葉出身者のプライドなんて足下にもおよばない。大学時代、面と向かって『ハッ、しょせん雙葉でしょ。お婿さん探しに大学に来たんでしょ』って言われました。その人が特殊だと思っていたら、社会に出てからも、たまに学附や筑附の女性に『ああ、雙葉ね。お嬢様学校よね』って嫌味を言われますね。だけど、彼女たちは男性を立てるポイントをよく知っている。片山さつきさんが筑波附属というのは非常によくわかります。強気で高飛車に見えるけれど、権力層の男性のプライドやメンツをちゃんと知り尽くして行動している。彼女たち自身もプライドが高いですけどね。私なんか『雙葉から慶應？　お見合いするにはいい経歴ね』って馬鹿にされたことがありますよ。もちろん、もっと遠まわしですけどね(笑)。それを言ってきた人は女子にはキツいのに、男の扱いはほんとうに上手です。以前は憎んでいたんですが(笑)、いまでは尊敬の対象です。男社会でうまくやる訓練を受けているんです。私、中学受験のときに学芸大附属中も受かったんですよ。でも、あそこは中学から高校に上がるのが難しいから雙葉を選んでしまった。いま思うと学芸大附属に行けば、生きやすかったかなって後悔しますね」

女子校で育つと「男のメンツ」が読めない。この問題をどう乗り越えればいいのだろうか。

著書『女性の幸福 仕事編』(PHP新書)のなかで「日本の職場組織では男性の気持ちは傷つけない、メンツは重んじるといったマナーや仕組みが行き届いていました」と書く昭和女子大学学長の坂東眞理子氏に、「女子校育ちだと男性のメンツが読めなくて、仕事のうえで困ります。どうしたらいいのでしょうか」と質問してみた。すると、こう返ってきた。

「そんなメンツを守ろうとするのがおかしい、と言えばいいんです。だけど、それを主張するためには自分自身に交渉のスキルやツールが必要です」

仕事が満足にできない人間が主張だけしても、その意見は通じない。だが、その職場で必要なスキルがある人間ならば意見を通すことができるということだ。

そして坂東氏はこうも言う。

「そのスキルは、つねにアップしていく必要があります」

十年前は英語が堪能な人間はさほど多くはなかったが、現在は三カ国語も使える若者が会社に入ってくる。そうなると英語が得意ということは、かつてほどには価値がなくなる。そのために、さらにスキルアップしなければならない。

つねにスキルアップ、それも需要に合うスキルを身につけていく必要がある。

私立中学の関係者が言う。

「テレビで派遣教員問題が取り上げられていました。派遣会社から派遣されてくる教師が授業を受け持つことがいま増えています。その番組のなかで、ご自身に教員の経験がある教育評論家は、『過不足なく仕事をすれば正規雇用していかないと、派遣教員たちのモチベーションが保てない』とコメントしていました。これは、古きよき時代の教員の発想です。今後は、教員は安定した職業ではなくなっていきますよ。とくに私立校は生き残りをかけた乱世の時代なので、教員も過不足なく仕事をするだけではキャリアアップはできません。つねに進化しないとならないのです。それは、ほかの仕事でも同じでしょう」

生き残りをかけた乱世の時代なのは、ほかの業種も同じである。右肩上がりに成長しているIT業界でも変化が激しいので、各企業はつねに知恵を絞って切磋琢磨《せっさたくま》しないと淘汰《とうた》されていく。

だが、そのような競争が激しい時代は、女性にとってはチャンスが多いともいえよう。

経済全体が右肩上がりの時代は、キャリアは学歴や性別で決まったが、いままでと同じことをやっていても利益が出なくなると、望むと望まざるとにかかわらず、実力で評価せざるをえない。

能力を高めていけば、いくらでもチャンスがある時代になるのだ。

ワーク・ライフ・バランスを主張するためには能力が必要

女性の社会進出の話題でしばしば取り上げられる「出産・子育て」とキャリアの両立の問題。

出産と育児のために休暇をとるのは、男性の終身雇用を前提とした旧来の職場組織では許されなかった。

しかし、厚生労働省が言う「ワーク・ライフ・バランス」の推進もあって、現在は多くの企業が育児休暇と職場復帰を認めている。

これに関しても坂東眞理子氏は、先に述べた「交渉するための自分自身の仕事のスキル」があれば、「育児休暇を取得することもちゃんとできる」と言う。

多くの著作がある人材コンサルタントが言う。「本質的なことを言うので名前は出さないでほしい」と言われた。

「ワーク・ライフ・バランスという言葉があります。本来は、企業が優秀な社員へのご褒美として、『あなたは優秀だから生活と仕事のバランスをとれるように協力してあげるよ』と伝えるべきもの。ところが、日本は労働者の権利が強すぎるので、ぶら下がりのツールとして『ワーク・ライフ・バランス』を使っている人がじつに多い」

では、このコンサルタントが言う「正しいワーク・ライフ・バランス」とはどういう姿なのか。

ある大手外資系企業の日本法人では、営業職は完全歩合制である。二十代後半で年収四〇〇万円の社員から一〇〇〇万円台の社員までいる実力主義だ。この会社は三年で新入社員の三分の一が退社する厳しさだ。

営業の第一線の花形部署で「三十五歳を過ぎて残っている女性」は、みな子どもがいる。「妊娠したときに上司から、『きみは優秀だから出産したら戻っておいで。会社は全面的にきみをバックアップするから』と言われるくらいの優秀な人しか残れないからです。優秀じゃない人は妊娠以前に結婚した段階で、『じゃあ、きみは今後は家庭優先だね。定時で帰れる部署に異動しなさい』と左遷され、スポイルされていきます」

この職場では、出産した女性たちは、三週間後には復帰するという。営業が長く休んだら、クライアントを他社や社内のライバルにもっていかれるからだ（ちなみに、この花形部署で唯一の女性の管理職だけは、お約束のように「大学を卒業して以来、十年以上、恋人がいない」未婚者である）。

このように実力があれば主張が認められる流れは、日本企業でも広まっている。大手金融機関のシステムを扱う子会社では、エンジニアの女性には時短勤務が認められている。だが、仕事の量が減らされるわけではない。結果、短い時間のなかで与えられた仕事を終わらせられる作業能力が高い女性しか残れない。作業が終わらないと帰れないのに、上司からは「きみが帰ってくれないと、ぼくが総務に怒られる」と急かされる。だからといって、帰っても仕事は免除されない。そのため、大半の女性は仕事と育児の両立ができず、辞めていくという。

大手電気機器メーカーでは、営業職の女性が出産後、復帰したのち、「時短勤務を認めろ」と総務に強く訴えた。かなり強い調子で大騒ぎしたので、社内的には「痛い人」「早期退職が募集されているなかで自分の権利だけを主張するなんてKYな人」と白い目で見られていた。しかし結局、彼女の主張は通った。理由は、彼女は営業成績がトップクラスだからである。自社に利益をもたらしている人材の主張は会社も無視できない。

現状は「出産したら退社」という慣例が残っている企業がまだまだある。だが、今後は企業も余裕がなくなり、能力がある人間の主張ならば認めていくようになるだろう。

桜蔭の「自分力」は、ほかの女子校にも通じる

この「自分を主張するためのスキル」が必要なのは、専門職や営業職といった総合職的な仕事だけではない。

ある中堅メーカーの人事部の社員が言う。

「一般職の採用を抑えているので、そのぶん派遣社員で優秀な人材がいれば、正社員に登用しています。全体的に見て事務職でしっかり仕事ができる人は減っていると思います。入力などの単調な作業をミスなく迅速にこなす。かつイレギュラーなトラブルが起きても、自分で考えて対応できる。そういうことができる人がほんとうに減っているんです。うちは給料が安いので、そのぶん相手の要求を聞くようにしています。子どもがいて残業ができないというなら、それに対応します」

現在、どの企業も優秀な人材を採用するのに必死である。それは将来の幹部候補生だけではないのだろう。

だが、坂東氏の言うように「自分の言い分を通すだけのスキル」を磨いていくためには、どうしていけばよいのか。

いま、労働市場で求められているものをあらためて考えてみる。

文系東大生の半分が就職できない厳しい環境を尻目に、理系は好調だ。

東大大学院工学系研究科修士課程から大手メーカーの研究職に就職した二十代が言う。

「面接のときに、ぼくらは『遺伝子工学をやっていました』とキリッと言える。ところが文系だと、何をやったか堂々と言わないんですよね。『国文科で滝沢馬琴の研究をやっていました』と言えばいいんです。でも、哲学や文学だと役に立たない感じがして言いにくいのかな、と思ったりしましたね」

理系の学生には「大学で研究したこと」をきちんと伝えるコミュニケーション能力があったが、文系の学生にはそれがなかった。

横の席の学生が「遺伝子工学をやっていました」とカッコいいことを言ったあとに、自分が「滝沢馬琴をやっていました」では恥ずかしいと考えたのかもしれない。もしそうだとすると、この文学部の学生は、空気を読みすぎて自分の情報を伝えられなくなったのだ。

滝沢馬琴と答え、面接官に失笑されて「それはなんの役に立つの？」と意地悪な反応をされるかもしれない。だが、それに対して「役に立たない娯楽文学がいまでも残っていることを研究することで、日本の文化や歴史を知ることができると考えました」とでも言えばいいのだ。空気を読みすぎて、この文学部の学生はコミュニケーションができなくなっている。

つまり、空気を読まないからこそできることがあるのだ。

『進学レーダー』編集長の井上氏はこうも話した。

「いま、ぼくは『自分力』が大切だと考えています。『自分力』というのは〝他人なんてどうでもいいじゃん。自分は自分。やりたいことをやる〟という力です。他人の目を気にしないで、自分の目標に向かっていける力が養える。世間がない女子校のメリットとしては『自分力』が養えることでしょう」

たしかに、文化祭に行くと、女子校と共学校では女子のふるまいがまったく違う。共学の女子の大半はだれかといっしょに行動しているが、女子校では生徒は一人で歩いている。

また、桜蔭の文化祭は理系のクラブの展示が集まる「サイエンスストリート」というエリアがいちばんにぎわっていた。化学部は化学反応を実地で見せる発表もしていて、入場を制限するほどであった。化学部が入れないので物理部をのぞくと、本格的なロボットを生徒が懸命に動かしている。電子工作は色や音を使ったものが多く、「音に合わせて光が動く」と生徒がていねいに説明してくれる。

ほかの学校と桜蔭のいちばんの違いは、白衣のくたびれ具合だった。ほかの学校は、化学部や生物部でも白衣が真新しい。ところが桜蔭の生徒の白衣は使い込んであって、ときにはマジックや薬品の汚れもついている。

彼女たちの熱気もさることながら、桜蔭をめざす女子小学生たちが実験や展示を見る目も熱い。数学部では来場者に数学の問題を解かせていたが、みなおもしろそうにやっている。

彼女たちの熱意に押されて、廊下に逃れ、奥の階段を上がっていくと、いちばん上の階で天文気象部がプラネタリウムをやっていた。小さいながら本格的なプラネタリウムであり、そこで副部長の女子生徒が、「この回は即興で話すので生温かく見守ってください」と最初に言い訳をしながらも、頭のよさげなマシンガントークを披露する。

アンドロメダの神話では、彼女を助けたペルセウスが美男子だったことにふれ、「イケメンはおいしいところをもっていくなあ。イケメンはいつもカッコいい。悔しいなあ、やっぱりイケメンじゃないとダメなのか」と、容姿がいい人間へのルサンチマンを吐き出して終わった。

桜蔭だけではなく、鷗友学園の生徒たちも早口でまくし立てるように話す。

これら難関校・進学校の女子校特有の「マシンガントーク」は、社会一般では「空気が読めない」「はしたない」と批判されることもあろう。

なぜ、彼女たちは早口なのか。

女子進学校出身の女性が話す。

「映画『ソーシャル・ネットワーク』の冒頭で、フェイスブックの創設者がマシンガントークをして恋人を困らせるシーンがあります。頭がよすぎて、周囲と話のスピードが合わないように見えます。ああいう人って同級生にいたなあと感じて、なんか懐かしかったですね」

つまり、頭の回転がいい女子が思う存分に勉強できて、好きなことに没頭できる場所。それが女子校なのだ。世間の目がないからこそ、やりたいことができる。

桜蔭の文化祭に同行してくれた卒業生（三十五歳）は、「私たちのころは、あんなに突き抜けてなかった。女の子なのに、という縛りがあった。なんか自由にやっていてうらやましくて、ちょっと悔しいですね」と話した。

この卒業生は菊川怜と同じ学年。二五〇人中九〇人が東大に進学した学年である。女性の社会進出と高学歴化がめまぐるしかった一九九〇年代に、彼女たちはエリートであったはずだ。だが、その時代でも「女の子だから東大に行かなくていい」という縛りがあった。

当時の桜蔭は、「お勉強はできるけれどダサい」と言われる学校であった。かつては、その「ダサい」と言われる目を気にしたが、いまは「ダサくて何が悪いの？　オタクだけど何か？」と開きなおれるのが女子校の時流だ。

このように「自分のやりたいことを人目を気にせずやれる」のは、なにも桜蔭のような偏差値が70近い学校だけではない。今回、取材してわかったのは、女子というのは偏差値の違いでは将来の夢や趣味嗜好が大きく違わないということだ。中堅校の生徒も桜蔭の生徒も、めざすのは「自立した社会人」であり「お嫁さん」ではない。

中堅校の生徒は、桜蔭の生徒のように医者や学者はめざさなくても、違うかたちで何か自分にできる仕事で自己実現をしたいと考えている。「女子大に行ってアパレルに就職して洋服に関する仕事をしたい」と具体的に夢を語る中堅校の生徒もいた。そのような夢に向かううえで、人目を気にせず好きなことに没頭できる女子校はよい場所だ。

北区の中堅校の生徒もこう話す。

「私は本を読むのが好きで、ずっと本を読んでいます。だからって何か言われることはないのが女子校のよさだと思います。『本ばかり読んでおもしろい？』って言われたら、『うん、おもしろいよ』と答えるし、それがいじめでもなんでもないし」

文化祭をまわっても、女子校の生徒たちの「好きなことへの真剣さ」が伝わってくる。

先に述べた桜蔭以外でも、鷗友学園女子は授業にリトミックを採り入れたせいか、文化祭でのダンス班（部）の公演は本格的。他校のダンス部はスポーティな衣装を着て、ポップでオシャレなダンスを踊っているが、鷗友は衣装もダンスも上品で優美だがトレンドではない。だが、パフォーマンスの完成度は他校とはくらべものにならないほど高い。ただ楽しんでダンスをやっているのではなく、厳しい練習に耐えてよいものをつくろうという気迫がある。

また、吉祥女子は芸術コースがあった流れで、いまでも美術が盛んだ。廊下に貼られる各クラブのポスターはプロのデザイナーが見ても感心するクオリティだ。卒業生の一人が「吉祥はオタクの人が多いから」と説明してくれた。

世間の目がない空間だから好きなことに躊躇《ちゆうちよ》なく専念できて、その経験が将来の糧《かて》になっていく。その「自分力」をつけていくのに、女子校はとてもよい環境といえよう。

Column

難関校では何を習うのか（フェリスの場合）

女子校のなかでもフェリス、雙葉、女子学院、桜蔭といった難関校では、先にも書いたように、「鞭を振るって生徒に勉強させ大学合格実績を上げる」ということをしない。生徒たちの自主性を損《そこ》ねることになるからだ。

では、具体的にどんな教育をしているのか。

ここではフェリスの授業や指導を見てみよう。

神奈川県の女子校御三家は、フェリス、横浜雙葉、横浜共立である。横浜雙葉はカトリック校らしく生徒に規律を求める。また、横浜共立はプロテスタント校にしては例外的に規則が厳しいことで知られる。この二校ともに典型的な進学校のカリキュラムになっていて、「塾に行かずとも大学受験対策ができる」ようになっている。

一方、フェリスは対照的に自由な校風。「自主自律」の精神のもとで「自由にふるまうためには責任がともなう」ことを教えていく。

二十代の卒業生は言う。

「校則は自由で、金髪だろうと、巻き髪だろうと許されました。私は学生カバンにピンやワッペンをいっぱいつけてデコレーションしていました」

制服がかわいいのもフェリスの魅力だ。夏服は水色のセーラーカラーに黒のリボン、冬服は紺色のセーラーカラーにえんじ色のリボン。そのうえ、自由にオシャレもできるのだから、神奈川の女子たちのあこがれの学校でもある。

「お嬢様校と言われることもありますが、小学校がないですし、神奈川でトップの偏差値なので、サラリーマン家庭の子が多かったですね。医者や弁護士の娘は、小学校から横浜雙葉や湘南白百合に通うと思います。フェリスは母親が働いている子も多かったです」

自立した女性を育てる教育方針が、働いている母親の心をつかむのかもしれない。

そのフェリスではどのような授業や慣習があるのか。卒業生に聞いてみた。

「フェリスの授業は、先生たちの裁量にほぼまかされていました。教科書は使わず、先生がつくるオリジナルテキストで行う授業もありました。フェリスの生徒は、筋が通った厳しい先生にはついていきます。めちゃくちゃ厳しい数学の女の先生は、生徒たちからとても尊敬されていました。一方、言っていることに整合性がない先生や、生徒の顔色をうかがうような弱腰の先生に対しては、容赦なかったですね。授業をボイコットする騒動もありました」

女子校では、生徒が教師に「筋が通っていること」や「論理的な整合性」を求める。男子は力関係で動くので、教師が上だということを生徒に認識させたら、教師が「黙れ」と言えば生徒は黙る。だが、女子の場合は「筋が通っていないと納得しない」のである。とくにフェリスのような優秀な生徒が集まる学校では「論理的な整合性」が求められる。

そのフェリスでは、授業の内容もユニークで生徒たちの好奇心を満たすものがあったという。

「現代文の授業で三島由紀夫マニアの先生が、三島の割腹自殺直前の演説を流したこともありました」

「フェリスはプロテスタントの学校なので聖書の授業があります。ミッションスクールの女子校出身者は〝宗教〟や〝信仰心〟に対しての抵抗感がなく育つので、卒業後にカルト宗教にハマってしまう人が意外に多いんです。生徒がそういう被害にあわないような対策を聖書の授業で行う先生もいました。具体的なキリスト教系カルト集団の名前をあげて、勧誘の手口やどのような被害にあうのかなどを事細かに指導していました。また、そういった新興宗教の教義と本来のキリスト教の教義がいかに食い違っているのか、一つひとつ論破していました」

「保健体育の授業もほぼすべて先生の手づくりのプリントで行うのですが、ある女性の先生は古きよき急進的フェミニストで、性教育もかなりおおらかに、遠慮なく行っていました。避妊や性器の仕組みのことはもちろん、男女の性的興奮の違いを時間軸でグラフにして説明したり、前戯に関するアドバイス、体位についてなど、とてもくわしく、いたずらに煽《あお》ることなく、冷静にまじめに解説していました。ふだんはエロ漫画やBL小説をまわし読みしている生徒たちも、現実のセックスに関しては奥手だったので、顔を真っ赤にして授業を聞いている子もいました」

個人の自由を尊重するプロテスタントの教えに基づく難関校らしい、先鋭的な授業である。

だが、その一方で、乙女心をくすぐる授業もあったという。

「フェリスでは入学してすぐに、家庭科の授業で聖書と讃美歌の本のカバーをクロスステッチで手づくりする、という伝統があります。図案はそれぞれ自由で、そのときつくった力バーを六年間使いつづけます。個人的には〝これぞミッションスクール！　女子校！〟と感動した記憶があります。みんな律儀に高校三年まで使うので、上級生になると手垢で汚れていきましたね」

このような「情緒」を女子はやはり好むのかもしれない。

そんなフェリスでは、掃除に関しても生徒たちが管理をしていた。

「上の学年の週番がまわって各場所の掃除のできばえを評価していくんです。ダンボールに手書きで金、青、黄、赤、黒のネコの絵を描いた札をもって歩いて、ちゃんと掃除されていると金のネコ、まあまあなら青から黄、ダメなら赤や黒のネコが置かれます。全校放送か何かで、『体育館前は黒いネコが置かれました。ちゃんと掃除してくださいね』と注意されることもありました」

昨今は自由な校風の学校が敬遠され、規則が厳しくきちんと勉強させる学校が好まれる傾向も指摘されている。だが、横浜のフェリスの自由な教育のなかで、卒業生たちは、ほかでは得がたいものを学んでいくことができたようだ。

第 5 章

女子校はどこへ行くのか

雙葉中学校・高等学校

女子校に必要なのは「おまけ」の部分

ここまでで、女子校の現在、そして、卒業生たちのいまを見てきたが、最後に女子校のこれからについて探ってみたい。

まずは現在、小学生の女子のあいだで人気が高まっている女子校を訪れてみよう。

骨董品や古本の街として知られる西荻窪。駅から徒歩七分ほどの閑静な住宅街のなかに吉祥女子はある。

いま私立校は、どこも設備を新しくしていて、シティホテルや音楽ホールのような豪華な校舎が多く、生徒用のエレベーターがある学校もめずらしくない。それにくらべると、吉祥女子の校舎は一部のみ新しいが、講堂や図書館も年季が入っていて豪華な最新設備にはほど遠い。

だが、この学校の在校生や卒業生たちは口をそろえて言う。

「校舎がすてきだった。ひと目見て、ここに通いたいと思いました」

校門に立って校内を見上げてみよう。正面に空中渡り廊下があり、左右の二つの校舎を結んでいる。左手の校舎にはガラス張りの螺旋《らせん》階段、それを大きな木の豊富な葉の緑が覆い隠し、コンクリートの校舎に彩りを添える。レトロな趣きが少女漫画に出てくる学園風景のようなのだ。

志望者を増やすために、どの学校も設備投資に積極的だが、現役教員たちからは「ハード面の改築は効果がない」との指摘もある。たしかに吉祥女子の校舎を見ると、女心をつかむのは豪華な設備ではなく、何かしらの情緒なのだと感じる。

『進学レーダー』編集長の井上氏はこう語る。

「女子校では『おまけ』の部分が重要です。豊島岡のシンデレラ階段や運針、鷗友のリトミックや園芸、吉祥女子は芸術コースの名残による文化的な雰囲気」

吉祥女子の校内をもう少し紹介しよう。

数年前まで高校から美大をめざす芸術コースを募集していたため、美術室は本格的だ。天井は高く、壁際にずらりとデッサンのモデルに使うオブジェがある。奥には大きなロッカーがいくつも設置されていて、そこに生徒が画材を入れている。木目の床に置かれた描きかけの絵や画材が芸術的な空気を醸し出している。

一方、豊島岡の運針は裁縫学校の名残である。毎朝五分、白い布に赤い糸で縫っていく。

卒業生に「運針をどう思ったか」と聞くと、「おもしろそうだ、と思った」と言う。

稲垣恭子著『女学校と女学生』（中公新書）によると、旧制高等女学校の学生たちがもっとも嫌う科目が「裁縫」であった。当時、女性にとって裁縫は実学であり義務であった。ゆえに女性たちは敬遠したが、現在、女性にとって裁縫は義務ではない。

井上氏は、小学生向けの説明会で、豊島岡を「針仕事が日本一うまい東大生（になれる学校）」と表現するという。豊島岡は女子校で現在、桜蔭に次ぐ東大合格者数を誇る。針は使えなくても生活はできるが、もしできたら、ユニクロで買った洋服を少し直してみたり、好きな布を買ってきてカーテンをつくったりと、生活は楽しくなるだろう。

この「おまけ」の部分を形成していくのは「ブランド」なのではないか。

現在、六年制一貫の公立校が設立されはじめた。公立六年制一貫校のなかには、「塾に行かずに受験対策ができる手厚さ」を売りにしているところもある。宿題、補講など多くのカリキュラムで生徒たちの大学進学をサポートしている。高校無償化ともなれば、六年間、学費ゼロで塾に行かずにすむのだ。旧東京第一高女の「白鷗高校」は、一貫制の第一期生で五人の東大合格者を出したことで「白鷗ショック」という言葉も生み出した。

「白鷗はもともとは第一高女であり、共学になったいまでも女子に人気です。安くて塾いらずの白鷗で東大合格者が増えたら、桜蔭の意味がなくなります」と桜蔭出身者は言う。安くて、塾に行かなくても大学受験対策ができる。たしかに保護者にとって、これ以上の好条件はないように思える。

ところが都立一貫校は、予想されたほどには現段階で台頭してきていない。

その理由は何か。今回取材してわかってきたが、一つには私立校がさらなる努力をして質の高いサービスを提供していること、そして、もう一つはブランド力の違いであろう。

たとえば、公立一貫校で偏差値が高いのが千葉県立千葉中学校・高等学校である。公立校が強い千葉県でトップ校の千葉県立千葉高校には抜群のブランド力があった。そのトップ校が中高一貫校になれば、ブランド力によって、千葉の教育熱心な保護者たちから注目されるのは当然だ。

一方、東京都をはじめ、多くの都道府県ではトップブランドの県立高校を六年制一貫にしていない。

「日比谷や西高校を一貫制にして失敗したときの批判を避けるため」(『進学レーダー』編集長・井上氏)

学校はカリキュラムや学費だけではなく、ブランド力がないと伸びていかない。

お嬢様たちの高学歴志向

女子校「ブランド」で隆盛を誇ったのが、「良妻賢母」「お嬢様」であったことはすでに述べた。

「お嬢様ブランド」のトップ校である雙葉は、むかしから高い進学率を誇る。雙葉の学校説明会に出た保護者が言う。

「社会で活躍する女性になってもらいたい、に続けて、母になってもらいたいとおっしゃいました。いまでも良妻賢母教育が残っているのかな、と感じました」

雙葉の卒業生は最近でも、同窓会に行くと恩師に「良妻賢母を育てたつもりなのに、あなたたちは結婚しない」と嘆かれると話す。

雙葉をはじめとして、ミッションスクールは英語教育に強いこと、西洋文化の香りがブランド力となり、上流階級の子女が通う学校となっていった。二代にわたって皇太子妃がカトリック系の女子校出身であることで、二〇〇〇年代半ばくらいまでは、ミッションスクールに通うことは一つのステイタスとなった。

このとき求められた英語力は、経済的な自立、すなわちキャリアを築くためのツールではなく、あくまでも「良妻賢母」としての教養であった。

カトリック校である聖心女子学院の卒業生（四十代）が言う。

「自立しろ、とは言われなかったですが、社会の役に立つ人間になれ、と教わりました。だから国連の関係者に聖心出身者は多いでしょう」

大むかしから庶民の女性は生活のために労働に勤《いそ》しんだが、上流階級の子女は違う理由で働いたのだ。ここには英語力やミッションスクールの卒業、そして、社会に役に立つ仕事、すなわち「社会奉仕」や「社会貢献」をすることがステイタスとなる世界が垣間《かいま》見《み》える。

聖心は社交の学校と言う卒業生もいる。

「パーティで一人でぽつんとしている人がいたら声をかける。そういう行動をしますね。共学出身の女子力が高い子って、合コンに人を誘っておいて、フォローしてくれないんで驚きますね。私たちは合コンで自分のことより、ほかの参加者に気配りをします」

社交の名門校であるためか、現在の四十代、三十代の卒業生たちには、旧財閥系、官僚、勤務医や開業医ではなく、大病院のオーナー院長といった政治と結びつきが強い男性の娘が多かった。

安倍晋三夫人の昭恵氏は森永製菓のオーナー社長の令嬢。初等科から聖心女子学院に通い、聖心女子専門学校を経て、晋三氏と結婚した。

一九九〇年前後に聖心女子学院高等科から聖心女子大学に進学した学生が、「四大に来る子は地味でまじめ。三光町（聖心女子学院中等科・高等科がある場所の旧町名）でいちばん華やかにやっていた子たちは、みんな専門学校に進学した。成績が悪い子というよりも派手な子ですね」と話していた。

この当時の上流層は、「息子は慶應、娘は聖心」と考えることが多かった。上流層はいまもむかしも、自分たちの地位や資産を受け継がせる器として子どもを育てる。

だが、明らかに変化したのは、いまは娘にも息子と同じものを求めるということだ。元総理大臣の小渕恵三氏には息子もいるが、後継者となったのは次女の優子氏である。

かつてなら娘は婿をとって、家業を継いだ。医者や弁護士、会社経営者もみな同じであろう。だが、現在は娘自身が跡継ぎになっていく。

その理由は何なのか。「婚活」企業の関係者はこう説明してくれた。

「政治家になりたくて、政治家の娘とお見合いをくりかえしていた男がいました。でも、うまくいかないですよ。いまどきは政治家の娘も、親がすすめる相手というだけでは受け入れない。見た目も性格も自分の好みに合わないと拒否します。男のほうも同じで、いくら条件がいいお嬢様だといっても、それだけでは結婚しなくなっている。彼が一度、議員の娘を『浮世離れしすぎだ。お嬢様すぎてダメだ』と断ったことがあって、私たちは『お嬢様だから見合いしたんじゃないのか』ってあきれましたが」

不況の時代でも、お嬢様は存在する。今回の取材のなかでは、予想以上に上流層の〝お嬢様〟たちと会うことができた。外交官、大手上場企業の取締役、外資系企業日本法人社長、大病院のオーナー院長、そして、国立大学医学部教授、弁護士、大物芸能人……それらのエスタブリッシュメントを父親にもち、小学校や中学校から女子校に通った女性たちだ。

だが、二十代から三十代前半の彼女たちの夫や婚約者、交際相手は、すべて大学や職場で出会った同級生、同僚、先輩などだ。中小企業に勤めている〝お嬢様〟も決してエリートとはいえない先輩社員との結婚を真剣に考えていると話していた。

今回、取材の場を和《なご》ますねらいもあって、こんな心理テストをやってみた。

「結婚相手に欠かせない三つの条件をあげてください」

三つあげてもらったあとに、「もし運がいいことに、その条件を同じ程度満たした男性が二人同時にあなたにプロポーズします。そうしたらどこで選びますか。四つ目の条件が必要になりますね」と尋ねる。

この二つ目の質問の答えが、「ほんとうはいちばん譲れないと思っているもの」という心理テストだ。もちろん遊びの心理テストだが、おもしろいことに、一見すると華やかな〝お嬢様〟たちほど「経済力」よりも「話が合うこと」「いっしょにいて安らげること」「共通の趣味があること」「価値観が近いこと」と内面的な要素を相手に求める。家業を継ぐとしても、それとプライベートは結びつけない。

先の「婚活」企業の関係者は言う。

「大病院の娘が、自分は医者にならずに女子大や短大を出て、家業を継いでくれる男性医師と結婚します。その男性のほうは妻を尊敬するか、っていう問題です。夫婦間にモラハラという言葉が生まれて久しいです。いま女性はまず自分を大切にしてくれるかで男性を選ぶんです。そのためには自分が医者になって、家業を継ぐ必要があります」

小倉千加子氏が『結婚の条件』(朝日新聞社)で、高学歴層の女性は自分を保存するために結婚をすると言及した。かつての上流層の娘は経済的・社会的な自分の地位を保存するために優秀な婿をとったが、いまの〝お嬢様〟は自分自身のプライドや心地よさを優先する。

そして、それを親も望む。いま上流層は、家を守るために娘自身を跡継ぎとして育てようとする。

そのため現在は、上流層も娘に男子と同じ学歴を求める。かつては「娘は聖心」と言っていた層が、女子を慶應に入れたがる。

それを反映するように、慶應中等部の偏差値は男子64であるのに対して、女子は69（日能研）。この偏差値は女子校トップの数字である桜蔭と同じだ。

だが、上流層の〝お嬢様〟はむかしもいまもひと握りである。そこで、大半の女子校出身者を占める中流層の娘たちについて次に見ていこう。

「よく働き、発言権をもつ」

白百合や雙葉の卒業生たちは口をそろえて言う。

「お嬢様校というのは、小学校から来た一部の子たちのイメージだと思います。それ以外は親がブランドイメージにあこがれて入れたんじゃないでしょうか」

長らくお嬢様ブランド校の人気を支えたのは、上流にあこがれ、娘を入れたがった中流家庭層ではないか。

バブルの余韻が残る一九九〇年代までは、「お嬢様ブランド」には意味があった。上流階級の親は自分の地位や資本を維持するために、お嬢様ブランド校に娘を入れたが、中流家庭の親は「少しでも娘をランクアップさせたい」と願い、娘をお嬢様校に通わせた。

そこで娘に「お嬢様という付加価値」をつけることで、少しでも玉の輿に乗ってほしいと願った。お嬢様校、女子短大、大手企業の一般職で就職すれば、社内のエリート社員と結婚できるかもしれない。大学のサークルで医学部の学生と知り合ってつきあえば、結婚に結びつくかもしれない。彼らは息子にはただただ勉強させて、少しでもいい大学に入れて本人を出世させようとしたが、娘は自慢の婿を得るためのツールだったのだ。

だが結婚では、ランクアップが難しくなっている。

現在は無職や非正規雇用の女性よりも正社員の女性、つまり、自身に安定した経済力がある女性のほうが結婚に有利である。かつて男性が看護師と結婚したがったのは、「尽くしてくれそう」という淡い妄想があったからだったが、いまは「収入が安定しているから」となる。

現在エリートの男性が十年後にそうかというと、見極めにくい。会社更生法適用後のＪＡＬは、それまで手厚かったのに、手のひらを返して冷酷にリストラしていった。多くの弁護士が食べられなくなっていると報道されるが、歯科医の年収も五人に一人が三〇〇万円以下と言われる。数が増えたので供給過多になったからだ。国は医師不足解消のために、今後十年間で医師を増やしていく計画なので、それを過ぎたころからは医者も余っていく。

結果、中流階級は「自力で社会を渡っていける女性」にならないと、結婚も生活も成り立たなくなっている。

坂東眞理子氏が「むかしは庶民のあいだでは女性は働き手だった。それが高度成長期に専業主婦が増え、女性は家庭に、という時代となった」と言う。

右肩上がりの時代が終わった現在、中流以下、つまり庶民の女性は「働き手」にならないと生きていけない時代に戻ったのではないか。

だが、それは決してつらいことだけではない。

江戸時代の黄表紙本では、しばしば父親が幼い子どもを連れて歩く姿が描かれる。当時の妻は家のなかで内職や家事で忙しく働いていたので、子どもは旦那が連れ出して面倒をみていたのだ。商売をやっている場合は、嫁は女将《おかみ》となって店を切り盛りし、家のなかでの地位は高かった。

士農工商のいちばん上にいる「武士」の妻は、専業主婦であったがゆえに家庭内では発言権がなく、地位は低かった。妻が男の子を産めなければ、夫は妾《めかけ》をつくり、よその女の子どもが跡継ぎになることもあった。

一方、庶民の女性たちは重労働を強いられたが、それゆえに発言権があったのだ。

この江戸時代の庶民層の女性たちのように、「よく働き、発言権をもつ」ことが現在の女性がなるべき姿なのではないだろうか。

だが、江戸時代は子育てや家事と両立できる内職の仕事があったが、現在はそれらがなくなっている。女性も外に働きに出なければならない。そのため、育児と仕事の両立が難しくなっている。

現在はネット環境の普及で、自宅勤務の人たちも増えている。あるエンジニアの女性は地方都市に住みながら、東京のシステム会社に勤務していて、週に一回のミーティングで上京する以外は自宅で作業をしている。この女性の場合は、親の介護のため自宅勤務を選んだ。今後さらにこのような働き方が増えていけば、社会も変わっていくのかもしれない。

こうした社会の流れに保護者も気づきはじめ、現在は、いわゆる「お嬢様ブランド」は敬遠される傾向すらある。お嬢様ブランドのイメージの強い白百合でも、現在はキャリアガイダンスを実施し、社会人として自立させることに重きを置くと打ち出していて、そのせいか偏差値が落ちていない。

くりかえしになるが、親の娘への期待は「玉の輿」から「キャリア」に変化している。

いま台頭してきている女子校、豊島岡、吉祥女子、鷗友、洗足はどこもキャリアガイダンスがしっかりしている。『進学レーダー』編集長の井上氏は、「吉祥女子、鷗友、洗足をキャリア三校と呼んでいます」と言う。

将来のキャリアを形成するサポートをするという教育方針やカリキュラムが、ブランド力に通じている。

吉祥女子の萩原茂広報室長は、「何かねらってやったわけではなくて、以前からやっていたキャリアガイダンスなどの試みが時代に合っただけ」と述べている。

豊島岡も同じように時代に合ったといえよう。前述したように、毎朝五分間、白い布に赤い糸で縫っていく「運針」を行っている。これは裁縫学校だった時代の名残である。日本国内、いや、世界じゅうでもめったにない慣習であろう。この一見すると無駄に見える慣習を続けるのは、設立以来の豊島岡の教育方針を保つことだ。

豊島岡を志望する女子小学生たちも「やってみたい」「おもしろそう」と言う。

かつて、「裁縫」は手に職のツールで、庶民の女性たちは経済的な自立のために裁縫を習った。裁縫学校だった豊島岡は創立当初から、女性を経済的に自立させることを目的としてきて、その理念は変わらない。それが現在の時流に合っているため、「運針」は進学校のブランドステイタスとなっている。

地に足が着いたキャリアをめざして

女子校のブランド力は、良妻賢母のお嬢様校からキャリア校へ。すべての女子校がいま、この流れになってきている。そのなかで、従来キャリア校だった学校はそのカラーをきちんと打ち出しているがゆえに志願者が増え、偏差値も伸びている。

「男子校は従来、社会で活躍する人材を育ててきた。それがいま女子校にも求められるようになってきています」と井上氏。

教育の目的に男女差がなくなった。

安定がない時代は不安も大きいが、職場組織や労働市場でマイノリティであった女性にとってはチャンスでもあろう。

いま、母国語、英語、日本語が堪能で基礎学力もある留学生たちが労働市場で注目されていて、企業も新卒採用で彼ら留学生に大きく門戸を開きはじめている。

企業も国も安定しなくなると、学歴や性別、国籍ではなく本人の能力重視で採用していく。

だが現状は、就職の段階からジェンダーによる差別は残る。

採用関係者、大学の就職担当者、みなが言うのは、「どの企業でも採用試験の成績だけだと採用者が全員女子になってしまう。なので男子には、かなり下駄をはかせて採用する」。

つまり、同じ成績なら男子を採用するわけである。なぜ、総合職採用においては女性差別が残るのか。

この理由について、年間三〇〇〇人の面接をし、企業の採用を代行している人材コンサルタントがこう答えた。

「端的に、女子はモチベーションがもたないことが多々あるからです」

そして、こう続ける。

「女性社員は三つのタイプに分かれます。

①キャリアウーマンにあこがれているタイプ

②生活のために淡々と働くタイプ

③寿退社をめざすタイプ

①のタイプはスタートダッシュはいいんですよ。基本的に自己顕示欲が強く社交性が高いので目立ちます。ところが、このタイプでキャリアを築ける人はひと握りです。ほとんどは自分の能力以上に頑張るので疲弊してしまう。モチベーションがもたなくなるわけです。このタイプは③に転んで急に合コン三昧をしたりしますが、そうそう簡単に王子様は捕まえられずにダラダラと会社にいますね。

②のタイプは地味なんですがコツコツと仕事を続けて成果を出すので、①がトーンダウンして信頼をなくしたころに、評価されて仕事をまかされたり、栄転していきます。いま企業には余裕がないので①が生き残れなくなり、②を重用するパターンが増えてきました」

この②の意識、「生活のために淡々と働くこと」を教えていくことが、いまの女子教育には足りないのかもしれない。

このコンサルタントの説明に対して、外資系企業に勤める女性管理職（四十代）はこう言った。

「親がいま女子校を敬遠する理由には、その点も含まれると思いますよ。いまどきの女の子たちにとってのあこがれは花嫁ではなくて、活躍する女性になることでしょう。テレビドラマを観ていても主人公は働く女性で、その甘ったるいイメージで会社に入ってくる。入社してからあこがれと現実の違いを目の当たりにするわけですが、そこで襟《えり》を正せない子も多いのが事実です。仕事ができなくてスポイルされていく子もいますが、能力はあってもモチベーションが保てず辞める女性も多い。共学であれば男子といっしょに育てられるから、何があっても働きつづける必要性を学ぶかもしれないけれど、女子校だと『いまは女性には選択肢が多い時代です』と、選択肢の一つや自己実現のツールとして仕事をしましょう、と仕込むんじゃないですか。それじゃあ困るんですよ。漫画やテレビドラマに出てくるキャリアウーマンじゃなくて、もっと地に足が着いたキャリアを考えてもらわないと」

この女性自身も、じつは伝統校の女子校で六年間学んだ。

「良妻賢母教育を受けた世代です。最初は大手の一般職で就職して寿退社を夢見ていましたが、王子様と出会えなかったんです。三十歳を過ぎるといづらくなったので、辞めていまの会社に転職しました。体力的にもつらいですけど、養ってくれる人もいないことがモチベーションになって、いままでやってきました。でも、女性も大きく変わっていると思いますよ。いまの二十代の女性は「食べるために働く」という意識が高い子が多いですね。うちにインターンで来ていた学生が総合職希望で、その理由が『大手の一般職は結婚して子どもを産むならいいかもしれません。でも、結婚して子どもを産むかわかんないじゃないですか。

だったら、総合職でやれるだけやりたいなと考えています』って言うんですよ。かわいい子なのに、二十歳そこそこで結婚や出産は〝できないかもしれない〟と思っているわけです。その子は都立の進学校出身でした。共学女子、とくに都立や県立出身には地に足が着いている人が多いように感じます。女子校の子はやはり浮世離れしていることが多いですよ」

他人の目を気にしないという意味での女子校の「世間知らず」は、目的に向かっていく力になるが、生活感のなさや浮世離れはどうにかしなければならない。

だが、女子校が敬遠されるなかで、どんどん偏差値もブランドイメージも高まる豊島岡に対して、あるジャーナリストがこう述べた。

「古きよき都立校っぽい印象を受けますね。池袋という大衆的な場所。低廉《ていれん》な学費。無宗教なところ。高校から入ってくる生徒もいるし、生徒数も多い」

先代校長の二木《ふたき》友吉氏は、生徒たちを「かわいい子ちゃんたち」と呼んでいた。豊島岡の卒業生たちは学校説明会でみな、この二木友吉校長の話に感銘を受けたと話す。

ある卒業生（二十代、総合職）は言う。

「二木先生はこういう話をされました。『私はかわいい子を育てたい。かわいい子というのはきちんと能力があって、やるべきことができる子です。だから、うちの学校では生徒に勉強をさせます』という主旨だったと記憶します。私は社会でちゃんと働きたいと思っていたので、この学校に行こうと思いました」

この二木校長は一九八〇年代前半、つまり、豊島岡が都立の滑り止めだった時代に、校長でありながら国語教師として教鞭をとり、年間八〇〇枚のプリントを配っていたという。校長みずからそこまで熱心に教材をつくっていると、ほかの教諭も頑張らざるをえない。この地道な努力を続けた結果、現在の人気進学校としての豊島岡がある。

その豊島岡が、「経済的な自立のために針仕事を学ぶ」という裁縫学校時代からの精神を忘れないために、いまでも毎朝、運針をしていることはすでに述べた。

少なくとも、二〇一三年のいま現在、女子の教育に求められるのは、ヒロイン願望を満たすキャリアガイダンスなどではなく、経済的な自立をめざすことを前提としたものなのだろう。

今後の社会で生き抜くためには、グローバル化に対応しないとならない。そのため、多くの学校が「グローバル社会の次世代のリーダーを育てる」と銘打つ。だが、そのリーダー教育がマジョリティの女子生徒たちに合うかといえば別だ。

昭和女子大の学長として女子教育に携わる坂東眞理子氏は言う。

「グローバル社会に向けて育てるべき能力というのは、自分がいる場所でさまざまな国の人たちとスムーズにコミュニケーションがとれることです。そういう人たちが部長、課長となり、そのなかから、さらに上のリーダーが生まれていくわけですから」

おわりに

競技かるたを題材とした少女漫画『ちはやふる』（末次由紀、講談社）は累計六五〇〇万部を発行する人気作でアニメ化もされた。共学高校のかるた部を舞台にしていて、スクールカースト的に低い立場にいる生徒たちが競技かるたを通して成長していく物語だ。

だが、現実の「全国高等学校小倉百人一首かるた選手権大会」のデータを見ると、全三四回中一二回の優勝は男子校・女子校が占めている。全高校のなかでの男子校・女子校の割合は一〇パーセントくらいなのだから、競技かるた界では男子校・女子校が強いといえよう。

私の母校、静岡雙葉高等学校も、この「全国高等学校小倉百人一首かるた選手権大会」で四回優勝している。私が在校していたころはそこまで盛んではなかったが、全員参加のかるた大会はあった。本格的にかるたをやっている同級生がいて、その彼女に手を叩かれたときの痛かった感触だけは記憶に残っている。競技かるたは格闘技だ。反射神経や記憶力も必要だが、何より「札を取ってやる」という戦う気持ちがないと勝ち残れない。

とはいえ競技かるたは、バスケ部やバレー部のように、だれが見てもわかるカッコよさがあるものではない。その競技かるたの全国大会に向けて本気で邁進《まいしん》するのは、現実社会では、やはりスクールカーストがない男子校・女子校となる。

ずいぶん前に新聞で「全国高等学校小倉百人一首かるた選手権大会」の決勝戦が、東京の男子校である暁星と静岡雙葉とのあいだで行われるという記事を読んだ。将棋や囲碁などの頭脳ゲームでも、全国大会の決勝戦で女子が男子と互角に争うことはまずありえない。

静岡雙葉が優勝した年には、競技かるた部の生徒がインタビューを受けていた。彼女は「学校がつまらないときもあった。かるたをやりに学校に通っていた」といった主旨のことを話していたと記憶する。

静岡雙葉は駿府城跡地のお堀のなかにあり、静岡地方裁判所とカトリック教会のあいだに位置していて、卒業生である先生が「法と神に見張られているのよ、この学校は」と冗談まじりに言ったのを覚えている。そんな少し閉塞感のある女子校で、若くてありあまるパワーを競技かるたにぶつけていた生徒たちがいたのだろう。

＊

本書を執筆することで意外な効用があったのは、私自身がコンプレックスから少し解放されたことだ。

あるとき、「あなたって女子校っぽくないですね」と言われて、「ありがとうございます」とつい答えたことがある。私にとっては女子校出身であることはコンプレックスであった。

だが、いまは女子校でよかったと少し思えるようになっている。

本書は私の一一冊目の単著になる。医者や大学教授といった肩書もない女のフリーライターで、しかも、まったく社交力がない私がコンスタントに単著を出せたのは、やはり「女子校力」のおかげだと思う。

コツコツと取材して、自宅にひきこもって原稿を書くという行為は、地味でスクールカースト的にかなり低い。だが、私にとってそれは、まったく苦ではなく、むしろ楽しい。そのような感覚を身につけられたのは、女子校で過ごしたおかげだろう。

首都圏の女子校文化では学校間のカーストが強いが、地方都市ではそれもなかった。制服がかわいらしく、男子学生に人気があった近所の女子校に対しても、なんらルサンチマンを感じなかったし、いまでも「モテ」で女子のカーストが決まるということがいまいち理解できない。

考えてみれば、私が女子校に入ったのはやはり、選択ではなく必然であった。公立優位の地方都市で私が中学受験をしたのは、地元の公立中学の不良に目をつけられていて、公立中学に行くのが怖かったからだ。

静岡には東京の私立女子校の姉妹校がいくつかあるが、私が静岡雙葉を受験したのは、在校生たちがみなまじめで地味、「あのお姉さんたちが通う学校なら自分も受け入れてくれそうだ」と感じたからだ。

執筆にあたって、女子校時代の同級生たちは、人脈や情報を提供してくれ、協力してくれた。卒業して二十年以上たっても縁が切れない友人がいることは、生きていくうえで代えがたい財産だ。

たしかに私も友人たちも、いまだに世間知らずで不器用だ。だが、だからこそ成し遂げられることもあるように思える。

最後に、本書をつくりあげることを助けてくださった方々全員に感謝の意を捧げたい。

杉浦由美子

二〇一三年二月

イラスト――鈴菌カリオ

PHP新書
PHP INTERFACE
http://www.php.co.jp/

杉浦由美子［すぎうら・ゆみこ］

1970年埼玉県生まれ。静岡雙葉中学校・高等学校を経て、日本大学農獣医学部卒業。派遣社員時代に出版社に投稿していた原稿が朝日新聞社の編集者の目にとまり、ライターとしてデビュー。地道な取材を重ね、おもに現代女性のライフスタイルに関して執筆。『AERA』『読売ウイークリー』『婦人公論』『文藝春秋』『Voice』などの総合誌でルポルタージュ記事を発表しつづけている。

おもな著書として『オタク女子研究』(原書房)、『腐女子化する世界』(中公新書ラクレ)、『バブル女は「死ねばいい」』(光文社新書)などが話題に。本書は11冊目の単著となる。

女子校力

PHP新書854

二〇一三年四月一日 第一版第一刷

著者――杉浦由美子
発行者――小林成彦
発行所――株式会社ＰＨＰ研究所
東京本部――〒102-8331 千代田区一番町21
新書出版部 ☎03-3239-6298(編集)
普及一部 ☎03-3239-6233(販売)
京都本部――〒601-8411 京都市南区西九条北ノ内町11
組版――有限会社エヴリ・シンク
装幀者――芦澤泰偉＋児崎雅淑
印刷所
製本所――図書印刷株式会社

ISBN978-4-569-81177-2

ＰＨＰ新書刊行にあたって

「繁栄を通じて平和と幸福を」(PEACE and HAPPINESS through PROSPERITY)の願いのもと、ＰＨＰ研究所が創設されて今年で五十周年を迎えます。その歩みは、日本人が先の戦争を乗り越え、並々ならぬ努力を続けて、今日の繁栄を築き上げてきた軌跡に重なります。

しかし、平和で豊かな生活を手にした現在、多くの日本人は、自分が何のために生きているのか、どのように生きていきたいのかを、見失いつつあるように思われます。そして、その間にも、日本国内や世界のみならず地球規模での大きな変化が日々生起し、解決すべき問題となって私たちのもとに押し寄せてきます。

このような時代に人生の確かな価値を見出し、生きる喜びに満ちあふれた社会を実現するために、いま何が求められているのでしょうか。それは、先達が培ってきた知恵を紡ぎ直すこと、その上で自分たち一人一人がおかれた現実と進むべき未来について丹念に考えていくこと以外にはありません。

その営みは、単なる知識に終わらない深い思索へ、そしてよく生きるための哲学への旅でもあります。弊所が創設五十周年を迎えましたのを機に、ＰＨＰ新書を創刊し、この新たな旅を読者と共に歩んでいきたいと思っています。多くの読者の共感と支援を心よりお願いいたします。

一九九六年十月

ＰＨＰ研究所

PHP新書

[社会・教育]

117 社会的ジレンマ　山岸俊男
134 社会起業家「よい社会」をつくる人たち　町田洋次
141 無責任の構造　岡本浩一
175 環境問題とは何か　富山和子
324 わが子を名門小学校に入れる法　清水克彦／和田秀樹
335 NPOという生き方　島田 恒
380 貧乏クジ世代　香山リカ
389 効果10倍の〈教える〉技術　吉田新一郎
396 われら戦後世代の「坂の上の雲」　寺島実郎
418 女性の品格　坂東眞理子
495 親の品格　坂東眞理子
504 生活保護vsワーキングプア　大山典宏
515 バカ親、バカ教師にもほどがある　藤原和博／［聞き手］川端裕人
522 プロ法律家のクレーマー対応術　横山雅文
537 ネットいじめ　荻上チキ
546 本質を見抜く力 ——環境・食料・エネルギー　養老孟司／竹村公太郎
558 若者が3年で辞めない会社の法則　本田有明
561 日本人はなぜ環境問題にだまされるのか　武田邦彦
569 高齢者医療難民　吉岡 充／村上正泰
570 地球の目線　竹村真一
577 読まない力　養老孟司
586 理系バカと文系バカ　竹内 薫［著］／嵯峨野功一［構成］
599 共感する脳　有田秀穂
601 オバマのすごさ やるべきことは全てやる！　岸本裕紀子
602 「勉強しろ」と言わずに子供を勉強させる法　小林公夫
618 世界一幸福な国デンマークの暮らし方　千葉忠夫
621 コミュニケーション力を引き出す　平田オリザ／蓮行
629 テレビは見てはいけない　苫米地英人
632 あの演説はなぜ人を動かしたのか　川上徹也
633 医療崩壊の真犯人　村上正泰
637 海の色が語る地球環境　功刀正行
641 マグネシウム文明論　矢部 孝／山路達也
642 数字のウソを見破る　中原英臣／佐川 峻
648 7割は課長にさえなれません　城 繁幸
651 平気で冤罪をつくる人たち　井上 薫
652 〈就活〉廃止論　佐藤孝治
654 わが子を算数・数学のできる子にする方法　小出順一
661 友だち不信社会　山脇由貴子

675 中学受験に合格する子の親がしていること　小林公夫
678 世代間格差ってなんだ　城 繁幸／小黒一正／高橋亮平
681 スウェーデンはなぜ強いのか　北岡孝義
687 生み出す力　西澤潤一
692 女性の幸福［仕事編］　坂東眞理子
693 29歳でクビになる人、残る人　菊原智明
694 就活のしきたり　石渡嶺司
706 日本はスウェーデンになるべきか　高岡 望
720 格差と貧困のないデンマーク　千葉忠夫
739 20代からはじめる社会貢献　小暮真久
741 本物の医師になれる人、なれない人　小林公夫
751 日本人として読んでおきたい保守の名著　潮 匡人
753 日本人の心はなぜ強かったのか　齋藤 孝
764 地産地消のエネルギー革命　黒岩祐治
766 やすらかな死を迎えるためにしておくべきこと　大野竜三
769 学者になるか、起業家になるか　城戸淳二／坂本桂一
780 幸せな小国オランダの智慧　紺野 登
783 原発「危険神話」の崩壊　池田信夫
786 新聞・テレビはなぜ平気で「ウソ」をつくのか　上杉 隆
789 「勉強しろ」と言わずに子供を勉強させる言葉　小林公夫
792 「日本」を捨てよ　苫米地英人
798 日本人の美徳を育てた「修身」の教科書　金谷俊一郎
816 なぜ風が吹くと電車は止まるのか　梅原 淳
817 迷い婚と悟り婚　島田雅彦
818 若者、バカ者、よそ者　真壁昭夫
819 日本のリアル　養老孟司
823 となりの闇社会　一橋文哉
828 ハッカーの手口　岡嶋裕史
829 頼れない国でどう生きようか　加藤嘉一／古市憲寿
830 感情労働シンドローム　岸本裕紀子
831 原発難民　烏賀陽弘道
832 スポーツの世界は学歴社会　橘木俊詔／齋藤隆志
839 50歳からの孤独と結婚　金澤 匠
840 日本の怖い数字　佐藤 拓
847 子どもの問題　いかに解決するか　岡田尊司／魚住絹代

［知的技術］

003 知性の磨きかた　林 望
025 ツキの法則　谷岡一郎
112 大人のための勉強法　和田秀樹
180 伝わる・揺さぶる！文章を書く　山田ズーニー
203 上達の法則　岡本浩一

305 頭がいい人、悪い人の話し方　樋口裕一
351 頭がいい人、悪い人の〈言い訳〉術　樋口裕一
390 頭がいい人、悪い人の〈口ぐせ〉　樋口裕一
399 ラクして成果が上がる理系的仕事術　鎌田浩毅
404 「場の空気」が読める人、読めない人　福田 健
438 プロ弁護士の思考術　矢部正秋
573 1分で大切なことを伝える技術　齋藤 孝
605 1分間をムダにしない技術　和田秀樹
626 〝口ベタ〟でもうまく伝わる話し方　永崎一則
646 世界を知る力　寺島実郎
666 自慢がうまい人ほど成功する　樋口裕一
673 本番に強い脳と心のつくり方　苫米地英人
683 飛行機の操縦　坂井優基
717 プロアナウンサーの「伝える技術」　石川 顕
718 必ず覚える！ 1分間アウトプット勉強法　齋藤 孝
728 論理的な伝え方を身につける　内山 力
732 うまく話せなくても生きていく方法　梶原しげる
733 超訳 マキャヴェリの言葉　本郷陽二
747 相手に9割しゃべらせる質問術　おちまさと
749 世界を知る力 日本創生編　寺島実郎
762 人を動かす対話術　岡田尊司
768 東大に合格する記憶術　宮口公寿
805 使える！「孫子の兵法」　齋藤 孝
810 とっさのひと言で心に刺さるコメント術　おちまさと
821 30秒で人を動かす話し方　岩田公雄
835 世界一のサービス　下野隆祥
838 瞬間の記憶力　楠木早紀
846 幸福になる「脳の使い方」　茂木健一郎
851 いい文章には型がある　吉岡友治

［人生・エッセイ］

147 勝者の思考法　二宮清純
263 養老孟司の〈逆さメガネ〉　養老孟司
340 使える！『徒然草』　齋藤 孝
377 上品な人、下品な人　山﨑武也
411 いい人生の生き方　江口克彦
424 日本人が知らない世界の歩き方　曾野綾子
431 人は誰もがリーダーである　平尾誠二
484 人間関係のしきたり　川北義則
500 おとなの叱り方　和田アキ子
507 頭がよくなるユダヤ人ジョーク集　烏賀陽正弘
575 エピソードで読む松下幸之助　PHP総合研究所（編著）
585 現役力　工藤公康
600 なぜ宇宙人は地球に来ない？　松尾貴史

604 〈他人力〉を使えない上司はいらない！ 河合 薫
609 「51歳の左遷」からすべては始まった 川淵三郎
634 「優柔決断」のすすめ 古田敦也
653 筋《すじ》を通せば道は開ける 齋藤 孝
657 駅弁と歴史を楽しむ旅 金谷俊一郎
664 脇役力〈ワキヂカラ〉 田口 壮
671 晩節を汚さない生き方 鷲田小彌太
699 采配力《さいはいりょく》 川淵三郎
700 プロ弁護士の処世術 矢部正秋
702 プロ野球 最強のベストナイン 小野俊哉
714 野茂英雄
ロバート・ホワイティング［著］／松井みどり［訳］
722 長嶋的、野村的 青島健太
726 最強の中国占星法 東海林秀樹
736 他人と比べずに生きるには 高田明和
742 みっともない老い方 川北義則
763 気にしない技術 香山リカ
771 プロ野球 強すぎるチーム 弱すぎるチーム 小野俊哉
772 人に認められなくてもいい 勢古浩爾
782 エースの資格 江夏 豊
787 理想の野球 野村克也
793 大相撲新世紀 2005－2011 坪内祐三
809 なぜあの時あきらめなかったのか 小松成美
811 悩みを「力」に変える100の言葉 植西 聰
813 やめたくなったら、こう考える 有森裕子
814 老いの災厄 鈴木健二
815 考えずに、頭を使う 桜庭和志
822 あなたのお金はどこに消えた？ 本田 健
827 直感力 羽生善治
836 阪神の四番 新井貴浩
844 執着心 野村克也
850 伊良部秀輝 団 野村

［地理・文化］

264 「国民の祝日」の由来がわかる小事典 所 功
332 ほんとうは日本に憧れる中国人 王 敏
465・466 ［決定版］京都の寺社505を歩く（上・下）
山折哲雄／槇野 修
592 日本の曖昧《あいまい》力 呉 善花
635 ハーフはなぜ才能を発揮するのか 山下真弥
639 世界カワイイ革命 櫻井孝昌
650 奈良の寺社150を歩く 山折哲雄／槇野 修
670 発酵食品の魔法の力 小泉武夫／石毛直道［編著］
684 望郷酒場を行く 森 まゆみ

696 サツマイモと日本人 伊藤章治
705 日本はなぜ世界でいちばん人気があるのか 竹田恒泰
744 天空の帝国インカ 山本紀夫
757 江戸東京の寺社609を歩く 下町・東郊編 山折哲雄／槇野 修
758 江戸東京の寺社609を歩く 山の手・西郊編 山折哲雄／槇野 修
765 世界の常識vs日本のことわざ 布施克彦
779 東京はなぜ世界一の都市なのか 鈴木伸子
804 日本人の数え方がわかる小事典 飯倉晴武
845 鎌倉の寺社122を歩く 山折哲雄／槇野 修

[**思想・哲学**]

032 〈対話〉のない社会 中島義道
058 悲鳴をあげる身体 鷲田清一
083 「弱者」とはだれか 小浜逸郎
086 脳死・クローン・遺伝子治療 加藤尚武
223 不幸論 中島義道
468 「人間嫌い」のルール 中島義道
520 世界をつくった八大聖人 一条真也
555 哲学は人生の役に立つのか 木田 元
596 日本を創った思想家たち 鷲田小彌太
614 やっぱり、人はわかりあえない 中島義道／小浜逸郎
658 オッサンになる人、ならない人 富増章成
682 「肩の荷」をおろして生きる 上田紀行
721 人生をやり直すための哲学 小川仁志
733 吉本隆明と柄谷行人 合田正人
785 中村天風と「六然訓」 合田周平

[**歴史**]

005・006 日本を創った12人(前・後編) 堺屋太一
061 なぜ国家は衰亡するのか 中西輝政
146 地名で読む江戸の町 大石 学
286 歴史学ってなんだ? 小田中直樹
384 戦国大名 県別国盗り物語 八幡和郎
446 戦国時代の大誤解 鈴木眞哉
449 龍馬暗殺の謎 木村幸比古
505 旧皇族が語る天皇の日本史 竹田恒泰
591 対論・異色昭和史 鶴見俊輔／上坂冬子
647 器量と人望 西郷隆盛という磁力 立元幸治
660 その時、歴史は動かなかった!? 鈴木眞哉
663 日本人として知っておきたい近代史[明治篇] 中西輝政
677 イケメン幕末史 小日向えり
679 四字熟語で愉しむ中国史 塚本靑史

704 坂本龍馬と北海道　原口 泉
725 蔣介石が愛した日本　関 榮次
734 謎解き「張作霖爆殺事件」　加藤康男
738 アメリカが畏怖した日本　渡部昇一
740 戦国時代の計略大全　鈴木眞哉
743 日本人はなぜ震災にへこたれないのか　関 裕二
748 詳説〈統帥綱領〉　柘植久慶
755 日本人はなぜ日本のことを知らないのか　竹田恒泰
759 大いなる謎 平清盛　川口素生
761 真田三代　平山 優
776 はじめてのノモンハン事件　森山康平
784 日本古代史を科学する　中田 力
791 『古事記』と壬申の乱　関 裕二
802 後白河上皇「絵巻物」の力で武士に勝った帝　小林泰三
837 八重と会津落城　星 亮一
848 院政とは何だったか　岡野友彦

［文学・芸術］

258 「芸術力」の磨きかた　林 望
343 ドラえもん学　横山泰行
368 ヴァイオリニストの音楽案内　高嶋ちさ子
391 村上春樹の隣には三島由紀夫がいつもいる。　佐藤幹夫
415 本の読み方 スロー・リーディングの実践　平野啓一郎
421 「近代日本文学」の誕生　坪内祐三
497 すべては音楽から生まれる　茂木健一郎
519 團十郎の歌舞伎案内　市川團十郎
578 心と響き合う読書案内　小川洋子
581 ファッションから名画を読む　深井晃子
588 小説の読み方　平野啓一郎
612 身もフタもない日本文学史　清水義範
617 岡本太郎　平野暁臣
623 「モナリザ」の微笑み　布施英利
668 謎解き「アリス物語」　稲木昭子／沖田知子
707 宇宙にとって人間とは何か　小松左京
731 フランス的クラシック生活　ルネ・マルタン［著］／高野麻衣［解説］
781 チャイコフスキーがなぜか好き　亀山郁夫
820 心に訊《き》く音楽、心に効く音楽　高橋幸宏
842 伊熊よし子のおいしい音楽案内　伊熊よし子
843 仲代達矢が語る 日本映画黄金時代　春日太一